Bernhard Langemeyer
Mit den Toten leben

Bernhard Langemeyer

Mit den Toten leben

Vom Leben der Verstorbenen in unserer Erinnerung

edition T COELDE

Die Deutsche Bibliothek – CIP-Einheitsaufnahme

Ein Titeldatensatz für diese Publikation ist bei
Der Deutschen Bibliothek erhältlich.

verlags
gruppe
engagement

ISBN 3-7666-2067-3

Neuausgabe 2001

Umschlaggestaltung: Hötzel, RFS & Partner, Stadtlohn
Satz: SatzWeise, Föhren
Druck und Bindearbeiten: Bercker Graphischer Betrieb, Kevelaer

Inhaltsverzeichnis

Einleitung

Als meine älteste Schwester, die ich von Kindheit an bewundert und geschätzt habe, im letzten Stadium ihrer Krankheit im Hospital lag – sie war damals etwas über fünfzig Jahre alt –, führte mich meine damalige Tätigkeit fast täglich an diesem Krankenhaus vorbei. Ich besuchte sie daher zwei- bis dreimal in der Woche. Sie sprach über ihr vergangenes Leben, über die wenigen Tage, die ihr noch blieben, über ihr „Verhandeln" mit Gott um jeden weiteren Tag. Ich muß angesichts ihres körperlichen Verfalls und nahen Endes ziemlich verstört ausgesehen haben. Von Mal zu Mal gewann ich mehr den Eindruck, daß sie sich auf meine Besuche vorbereitet hatte. Mit ihrem Sterben sah sie vielleicht die Aufgabe verbunden, mir die Angst zu nehmen, mir zu zeigen, daß man auch diesen letzten Gang mit menschlichem Antlitz gehen kann. Als ich dann schließlich an ihrem Totenbett stand, war ich zunächst dennoch tief erschüttert, sprachlos. Die Krankenschwester mahnte, es sei jetzt an der Zeit, mit dem Totengebet zu beginnen. Ich brachte nur mit Mühe ein Vaterunser heraus.

Aber die Erschütterung trat allmählich zurück hinter dem Eindruck, den ihr Sterben auf mich gemacht hatte. Ihr Tod bekam eine bleibende Bedeutung für mein weiteres Leben. In meinem Verhältnis zu den Toten und zum Tod vollzog sich gleichsam eine Kehrtwendung. Bis dahin dachte ich gemäß der Vorstellungen, mit denen ich aufgewachsen war: Die Verstorbenen sind von uns gegangen zu Gott; man muß für sie beten, damit sie bei Gott Verzeihung ihrer Sünden finden und ihre Seele gereinigt wird von den Schlacken des Bösen; der Tod ist die einsame Begegnung des gleichsam vereinzelten, aus der menschlichen Gemeinschaft herausgelösten Menschen mit dem allmächtigen, alles überragenden Gott. Von daher hatte der Tod etwas Unheimliches. Er hatte teil an der Unbegreiflichkeit Gottes. Ihr ist der Mensch im Tod völlig ausgeliefert. Die Verstorbenen sind daher „Arme Seelen", die selbst nichts mehr für sich tun können. Sie sind auf unsere Hilfe angewiesen. Am Allerseelentag ging unsere Mutter mit uns jüngeren Kindern zum Ablaßbeten in die Kirche. Für jeden und jede der Verstorbenen der Familie: Großvater, Großmutter, Onkel und Tanten – die meisten davon hatten wir nicht mehr lebend gekannt – sechs Vaterunser, sechs Gegrüßet-seist-du-Maria und sechs Ehre-sei-dem-Vater. Und nach jedem Ablaß mußte man nach draußen vor die Kirchentür treten und dann zum nächsten Ablaß wieder in die Kirche gehen.

Das Charakteristische an dieser Armenseelenfrömmigkeit war, daß man mit seinen Vorstellungen, Gedanken und Empfindungen versuchte, den Verstorbenen ins Jenseits zu folgen, sie auf ihrem Läuterungsweg zu Gott zu begleiten. Seit einigen Jahrzehnten sind im kirchlichen Raum die Ausdrucksformen dieser Allerseelenfrömmigkeit merklich zurückgegangen. Selbst in der Gestaltung der Totenmesse ist man vielfach bemüht, die Hoffnung auf die Auferstehung stärker zum Ausdruck zu bringen als die Trauer um die Toten oder die Sorge um ihr Seelenheil. Vom Kern der Botschaft des Evangeliums her gesehen hat das sicherlich seine Berechtigung. Aber das Verlangen der Menschen, ihren lieben Verstorbenen über die Todesgrenze hinaus nahe zu sein bzw. über das Jenseits des eigenen Todes hinauszudenken, ist offensichtlich geblieben. Bücher über das, was uns nach dem Tod erwartet, finden reißenden Absatz: Totenbücher der alten Religionen, Erfahrungsberichte von klinisch Toten, die das Bewußtsein wiedererlangten, von unerklärlichen Wahrnehmungen, z.B. Stimmen aus dem Jenseits, Erscheinungen im Traum und anderes mehr. Für manchen mögen derartige Auskünfte eine Hilfe zur Überwindung der Angst vor dem Tode sein, ein Trost beim Verlust eines geliebten Menschen, vielleicht auch eine Glaubenshilfe. Wenn ich jedoch ernst nehme, daß Gott selbst das Jenseits des Todes ist, die Toten bei Gott sind und in Gott ihre Vollendung finden, komme ich zu der Einsicht, daß alle diese Berichte weit hinter der Wirklichkeit zurückbleiben. „Was wir sein werden, ist noch nicht offenbar geworden. Wir wissen, daß wir ihm ähnlich sein werden, wenn er offenbar wird; denn wir werden ihn sehen, wie er ist" (1 Joh 3,2).

Die Art und Weise, wie ich das Sterben meiner Schwester erlebt habe, hat mir den Blick geöffnet für eine andere Seite des Todes. Zweifellos bedeutet der Tod einen Abschied. Der Sterbende geht von uns fort. Er wird unserem Leben unwiederbringlich entzogen. Er entschwindet unserer Erfahrung in eine Richtung, die uns als undurchdringliches Dunkel erscheint. Aber der Tod hat auch eine uns zugewandte Seite. Ich habe im Sterben meiner Schwester eine Sorge um mich gespürt, eine Hilfe für mein Leben erfahren. Durch den Tod gehen uns nahestehende Menschen nicht nur verloren. Sie kommen zugleich auf eine neue Weise zu uns, auf eine Weise, die erst durch den Tod möglich wird. Durch den Tod werden sie unserem Leben nicht nur genommen, sondern auf eine andere Weise zugleich neu gegeben. Statt nach Wegen zu suchen, die uns erlauben, ihnen jenseits des Todes nahe zu sein, schien es mir nun wichtiger, darauf zu achten, wie sie uns über ihren Tod hinaus in unserem Leben nahe sind. Für den Christen dürfte eigentlich diese andere Seite des Todes so fremd nicht sein. Glaubt er doch, daß der Todesgehorsam Jesu gegenüber dem Willen seines Vaters zugleich die höchste Tat seiner liebe zu uns Menschen ist. Jesus Christus hat sich in den Tod gegeben, „um die zu befreien, die durch die Furcht vor dem Tod ihr Leben lang der Knechtschaft verfallen waren“ (Hebr 2,15). Die Christen haben daher in der Verfolgungszeit der ersten Jahrhunderte den qualvollen Tod ihrer Mitchristen als Glaubenszeugnis und -hilfe für die Lebenden erfahren und im Gedächtnis behalten.

Aber zunächst geht es um allgemein menschliche Erfahrungen. Der Glaube kann sie aufgreifen, ihnen eine tiefere Bedeutung geben; aber er ist nicht ihre Quelle, ihre notwendige Voraussetzung. Ihre Quelle ist unser Gedächtnis, unsere Erinnerung. Ich könnte diese Erinnerungen auch rein psychologisch erklären, unabhängig davon, ob ich an ein Fortleben der Toten glaube oder nicht. Das ändert jedoch nichts daran, daß ich sie als Wirken der Toten in mein Leben hinein erfahre. Sie halten in mir zumindest die Frage nach der Existenz der Toten wach. Leben sie nur in unserer Erinnerung oder unabhängig davon, ob wir an sie denken oder nicht? Denn es ist ja nicht so, daß wir uns unserer Toten nur dann erinnern, wenn wir an sie denken wollen, wenn wir sie uns in Erinnerung rufen. In bestimmten Situationen kommen sie uns unwillkürlich in den Sinn, bringen sie sich in Erinnerung. Wir sagen dann wohl: „Ich *muß* gerade an diesen oder jenen Verstorbenen denken." Wenn ich z. B. nachts nicht einschlafen kann, kommt mir meine Mutter in den Sinn, die mir, als ich einmal darüber klagte, daß ich so lange wach läge, sagte: „Wer liegt, ruht auch."

Die Toten schalten sich in unser Leben ein, auch ohne unser Zutun. Der Psychologe wird uns sagen, sie kommen uns aus unserem Gedächtnis heraus ins Bewußtsein. Ob sie nur in unserem Gedächtnis fortleben oder auch unabhängig davon, dazu kann uns die Psychologie nichts sagen. Die Frage nach dem Sein der Toten kann die Psychologie nicht beantworten, nicht einmal stellen. Es ist eine Frage des Glaubens. Aber die Toten stellen uns vor diese Frage, so oft wir uns ihrer erinnern.

Vom Leben der Toten mit uns, den Lebenden, soll in diesem Buch die Rede sein, genauer, vom Wirken der Toten, wie ich es in meinem Leben erfahren habe. Nicht ohne Scheu erzähle ich von mir selbst, gebe ich z. T. sehr Persönliches preis. Ich gebe meine Erfahrungen weiter, um den Leser anzuregen, auf das zu achten, was von seinen Toten her in seine eigene Lebensgeschichte hineinwirkt. Denn nicht nur hat jeder seine eigene Lebensgeschichte, auch der Tod hat viele Gesichter. Anders zeigt er sich uns je nach dem Alter der Verstorbenen, je nachdem, ob sie friedlich entschlafen oder im Kampf mit dem Tod unterlegen sind, anders bei mehr oder weniger Nahestehenden, anders beim Tod von Mitmenschen, die wir geliebt haben, als bei solchen, die uns das Leben schwer machten. Das Leben der Toten mit uns ist so vielfältig wie das Leben selbst. Trotzdem habe ich häufig feststellen können, wie meine eigenen Erfahrungen und meine Beobachtungen, wenn ich anderen davon erzählte, bei diesen ein Echo fanden: Das habe ich auch erfahren. Natürlich haben sie es nicht genau so erfahren wie ich. Aber sie konnten ihre Erfahrungen in meinen Worten wiederfinden oder gar erst entdecken. Das gibt mir den Mut, den Schritt zu wagen vom Austausch der Erfahrungen im Gespräch zum geschriebenen Wort, vom persönlich Anvertrauten zum objektiv Nachlesbaren.

Er wußte nur vom Tod was alle wissen:
daß er uns nimmt und in das Stumme stößt.
Als aber sie, nicht von ihm fortgerissen,
nein, leis aus seinen Augen ausgelöst,

hinüberglitt zu unbekannten Schatten,
und als er fühlte, daß sie drüben nun
wie einen Mond ihr Mädchenlächeln hatten
und ihre Weise wohlzutun:

da wurden ihm die Toten so bekannt,
als wäre er durch sie mit einem jeden
ganz nah verwandt; er ließ die andern reden

und glaubte nicht und nannte jenes Land
das gutgelegene, das immersüße –
Und tastete es ab für ihre Füße.

Rainer Maria Rilke

Abschied und Wiederkehr

Wenn wir einen uns lieben Menschen zu Grabe getragen haben und vom Friedhof zurückgekehrt sind, haben wir noch nicht ganz Abschied genommen. Eine Zeit lang sehen wir ihn noch leibhaftig vor uns. Bei Gelegenheiten, wo wir ihm vor seinem Tod im Alltag begegneten, meinen wir ihn die uns vertrauten Worte sprechen zu hören, ihn seine gewohnten Tätigkeiten verrichten zu sehen, haben sein Lächeln vor uns, seine Art, sich zu geben. Aber diese Wahrnehmungen kommen und verschwinden wieder. Es ist so, als wenn er sich uns entzöge. Er ist gleichsam im Begriff fortzugehen. In unseren Gedanken und unseren Gesprächen über ihn möchten wir ihn festhalten, ihn wieder zurückholen in unser Leben. Es braucht eine Zeit, bis wir uns damit abgefunden haben, daß er fort ist. Daß wir uns zunächst so lebendig wie möglich Einzelheiten aus dem Leben des Verstorbenen in Erinnerung bringen, hilft uns, uns aus der Erstarrung zu befreien, in die uns der erste Trennungsschmerz versetzt. Manchmal, besonders bei solchen, die ganz plötzlich, ohne Abschied von uns gingen, sind wir dabei auf die Hilfe anderer angewiesen, die unsere Erinnerung wachrufen: Weißt du noch? Wie war das damals? Erzähle mal!

Nach meiner eigenen Erfahrung und Beobachtung ist es aber auf die Dauer nicht gut, unsere Toten gleichsam in unserem alltäglichen Leben gegenwärtig halten zu wollen. Es ist wichtig, daß wir sie wirklich loslassen. Nicht wirklich losgelassen hat vermutlich jemand, in dessen Wohnung an jeder Wand Fotos an einen Verstorbenen erinnern, Fotos, die ihn in verschiedenen Situationen zeigen: bei der Arbeit, im Urlaub, bei Familienfesten usw. Oder jemand, der sorgsam darauf achtet, daß in den Räumen, in denen dieser sich mit Vorliebe aufhielt, nichts verändert wird. Alles muß so bleiben, wie er es verlassen hat. Nichts von ihm darf in Vergessenheit geraten. Er soll möglichst immer und überall noch so dabei sein, wie er es zu seinen Lebzeiten war. An der Beziehung zu ihm darf sich nichts verändern.

Solange unsere Toten nur bleiben sollen, können sie nicht wiederkommen. Wir müssen sie fortgehen lassen aus unserem alltäglichen Leben. Dann geschieht mit unserer Erinnerung etwas Merkwürdiges. Sie konzentriert sich allmählich auf einige wenige Worte, Gesten oder Handlungen, gleichsam Momentaufnahmen aus dem Leben des oder der Verstorbenen. Es sind Momente, in denen die Grundhaltung zum Ausdruck kommt, die sein oder ihr Leben durchzog und das Eigentliche der Beziehung zwischen uns ausmachte. Durch den Abstand, den der Tod schafft, ist das Gewöhnliche, das, was jeder so tut, mehr oder weniger auf gleiche Weise, in Vergessenheit geraten. Eine Art Klärung hat sich vollzogen, eine Trennung der Spreu vom Weizen. Das Allzumenschliche, an dem man sich vielleicht gestört hat, ist in den Hintergrund getreten. Umso heller leuchtet nun in den erinnerten Momenten die Gestalt hervor, die unserem Leben gutgetan hat, an die wir daher gerne denken – dankbar denken. In bestimmten Situationen bringt sie sich gleichsam von sich aus in Erinnerung und wirkt in unser Leben hinein. Der oder die Tote kommt uns gleichsam zu Hilfe.

Nach langer Zeit bleibt mir von vielen der Toten, die mein Leben beeinflußten, nur noch das Gesicht im Gedächtnis haften, höchstens noch ein bestimmter Gesichtsausdruck. Ich müßte schon etwas nachdenken, um einzelne Begebenheiten wieder heraufzuholen, die mich einmal beeindruckt haben. Aber in dem Gesicht, das haften blieb, hat sich die ganze Leuchtkraft gesammelt, die sie in meinem Leben hatten – und noch haben. Oft taucht unverhofft eines dieser Gesichter blitzartig in meinem Bewußtsein auf, während ich mich mit irgend etwas beschäftige. Es zeigt mir die augenblicklichen Umstände meines Lebens in einem bestimmten Licht. Es wirkt hinein in das, was ich gerade tue. Unsere Toten kommen uns vielleicht öfter in den Sinn, als uns bewußt ist. Wir achten meistens nicht darauf. Wahrscheinlich leben unsere Toten mehr mit uns als wir mit ihnen.

Wenn ich mich mit jemandem aus meinem Bekanntenkreis über unsere Verstorbenen unterhalte, muß ich manchmal feststellen: Er oder sie hat den einen oder anderen Verstorbenen, auf den ich nichts kommen lasse, nicht in bester Erinnerung. Dagegen bedeutet ein anderer, an den ich mich nicht gerade gern erinnere, ihm oder ihr mehr. Jeder von uns hat seine eigenen Erinnerungen, hat dieselben Toten anders, hat seine eigenen Toten. Sind es also nur meine Erinnerungen, die mit mir weiterleben? Ist es nur meine Erinnerung, die den Toten lebendige Gestalt gibt? Ist es am Ende nur sie, die den Toten überhaupt erst jene Leuchtkraft verleiht, die in unser Leben hineinstrahlt? Es mag tatsächlich Fälle geben, wo jemand einen Verstorbenen nachträglich glorifiziert, von dem er im Leben enttäuscht war. Weil er diese Enttäuschung nicht wahrhaben will, übermalt er die Erinnerung durch ein Wunschbild von dem Toten. Aber das ist dann ein Werk seiner Phantasie. Die Erinnerung geht aus von einem Eindruck, den ein Mensch auf uns gemacht hat. Das Erinnerungsbild gibt uns ihn wieder, wie wir ihn wirklich erlebt haben. An diesem Eindruck, diesem tatsächlich Erlebten tritt nach dem Tod dieses Menschen in unserer Erinnerung an ihn etwas deutlicher hervor. Wir erkennen seine Bedeutung für unser Leben deutlicher, als wir es zu seinen Lebzeiten taten. Es ist also etwas von ihm selbst, das in uns eingeht und weiterwirkt, auf eine Weise, wie es zu seinen Lebzeiten noch nicht der Fall war. Zwar ist es unsere Erinnerung, die unsere Beziehung zu diesem Menschen über dessen Tod hinaus lebendig hält, aber sie erzeugt diese Beziehung nicht erst. Sicherlich kann man sich auch das, was uns erst nach seinem Tod aufgeht und auf uns einwirkt, als eine Nachwirkung seines vergangenen Lebens erklären. Das ändert aber nichts daran, daß wir es so erfahren, als wenn es vom Toten her auf uns zu und in uns hineinkommt. Je mehr wir dieser Erfahrung Beachtung schenken, umso weniger sind wir geneigt, uns mit der Erklärung unserer Vernunft, es handele sich nur um Nachwirkungen, zufriedenzugeben.

Ich glaube an eine Verbindung zwischen Lebenden und Toten. Aber ich interessiere mich nicht für die heute verbreiteten Versuche, diese Verbindung irgendwie physikalisch zu erklären, etwa durch elektrische Schwingungen, die auf unser Gehirn wirken. Für mich bleibt es ein Geheimnis, jenes Geheimnis, auf das ich auch stoße, wenn ich nach dem Grund und Ziel meines eigenen Lebens frage. Wenn die Toten, wie die Bibel es ausdrückt, in Gottes

Hand sind, ist er selbst die Verbindung zwischen uns und ihnen. Denn auch unser Leben ist in Gottes Hand. Was ich in meiner Erinnerung von den Toten erfahre, ist dann wie ein Schatten und ein Widerhall dessen, was mir in das Geheimnis Gottes hinein verborgen und geborgen ist. Die Veränderungen, die ich in meiner Erinnerung an den Toten erfahre, die Klärung und Verklärung ihrer Gestalt, sind wie bunte Glasfenster, die mich ahnen lassen, was hinter ihnen in der Helle des Jenseits geschieht.

Die Bilder meiner Erinnerung finde ich wieder in der Totenliturgie, als Rede vom Gericht, in dem das Gute vom Bösen geschieden wird, das Gute aufgerichtet und das Böse abgeschieden wird; in der Rede vom Ewigen Licht, das den Verstorbenen leuchten möge. Diese Bildworte für das Unsagbare, das nach dem Tode zwischen Gott und Mensch geschieht, sind wahrscheinlich aus menschlichen Erfahrungen mit der Erinnerung an die Toten abgeleitet. In diesen Bildern sind unsere Erfahrungen unlöslich verknüpft mit dem, was wir glauben und für unsere Toten hoffen. Was zwischen ihnen und uns in der Erinnerung geschieht, ist auf unbegreifliche Weise verbunden mit dem, was zwischen ihnen und Gott geschieht.

Unsere Erinnerung der Toten läßt uns etwas ahnen von der jenseitigen Begegnung unserer Toten mit Gott. Heißt das nicht doch, daß unsere Toten sich von uns entfernen, daß sie uns mehr und mehr in das Geheimnis Gottes hinein entschwinden? Sie gehen uns voran. Wir schauen hinter ihnen her. Aber sie selbst, können sie noch etwas anderes vor Augen haben als die beseligende Herrlichkeit Gottes? Können sie überhaupt noch zurückschauen auf uns? Ich meine, sie können. Denn sie gehören nicht nur zu unserem Leben, so daß unsere Beziehung zu ihnen weiterlebt und weiterwirkt. Wir gehören auch zu ihrem Leben, zu ihnen selbst. Mit ihnen selbst geht auch ihre Beziehung zu uns nach ihrem Tod ein in die Begegnung mit Gott. Wenn ich an meine verstorbenen Eltern und Geschwister denke, kann ich mir nicht vorstellen, sie seien vollkommen glücklich oder wollten es auch nur sein ohne ihre Lieben, die sie zurückgelassen haben. Sie können nicht ganz zur Ruhe kommen, solange sie uns nicht bei sich haben. Sie sorgen sich darum, daß auch wir einmal zu ihnen kommen. Ich stelle mir vor, daß sie das ewige Licht, das ihnen leuchtet, zu uns hin ausstrahlen. Sie sind wie Sterne am dunklen Nachthimmel, die uns etwas zublinken von dem uns verborgenen ewigen Licht.

Wir kennen diese Vorstellung in Gestalt der Fürbitte der Heiligen. Die Heiligen haben teil an der Sorge Gottes für das Heil aller Menschen, die uns bezeugt worden ist im Tod Christi für das Heil der Welt. Was die Kirche im Namen aller Gläubigen von einigen Verstorbenen auf Grund ihres heiligmäßigen Lebens annimmt, dürfen wir auch von unseren Toten annehmen, die uns Hilfe und Vorbild sind. Sie bringen ihre Sorge um uns ein in die Sorge Gottes für alle Menschen. Ihr Tod geht ein in den Kreuzestod Christi für das Heil der Welt. So werden uns unsere Toten, wenn sie uns in Erinnerung kommen, zu Boten der Liebe Gottes. Was vermöchten uns unsere Toten letztlich auch Gutes zu tun, wenn hinter ihnen und mit ihnen nicht Gott selbst für uns da wäre?

„Für seine Nächsten und die Freunde brachte der jähe Abschied einen kaum verwindbaren Schmerz.

Indes – langsam wandelt und mildert der Schmerz sich zum Dank an den Abgeschiedenen.

Die ins Danken gelangen, erfahren die geheimnisvolle Kraft der Vergegenwärtigung, die der Dank in sich birgt.“

Martin Heidegger

Totengedächtnis ohne Trauer?

Bisweilen hat mir in einem Gesprächskreis, wo wir unsere Erfahrungen über den Umgang mit den Toten austauschten, ein Teilnehmer beteuert, er empfinde keinerlei Trauer, wenn er in Liebe an seine Verstorbenen denke. Mich hat das ein wenig befremdet. So ganz kann ich das nicht glauben. Sicherlich kann der Tod eine Erlösung sein, bei Kranken eine Befreiung vom Leiden, bei Altersschwachen ein Ende mühsamen Wartens. Man gönnt ihnen ihren Frieden. Vielleicht tröstet man sich über die aufsteigende Trauer hinweg. Mich macht es noch immer traurig, wenn ich mich an meine Schwester erinnere. Noch nach fünfundzwanzig Jahren! Ähnlich geht es mir, wenn ich an die anderen Toten denke, die mir nahe standen, vor allem an die, deren Sterben ich miterlebt habe, an deren Totenbett ich gestanden habe oder die mitten aus dem Leben gerissen wurden.

Was macht uns traurig, wenn wir an unsere Toten denken, vor allem an die, wie man sagt, „zu früh" gestorbenen? Ist es das Bedauern, daß ihnen nicht ein längeres Leben beschieden war? Daß sie dieses oder jenes nicht mehr erleben durften, dieses oder jenes nicht mehr ausführen konnten? Ach, wir hätten ihnen so gerne mehr vom Leben gegönnt! Bei Beerdigungen kann man nicht selten derartiges hören. Darin äußert sich Trauer als Mitleid mit dem Verstorbenen. Man denkt sich gleichsam in die Lage des Verstorbenen hinein, teilt seine Trauer über das nicht ausgelebte Leben.

Aber das kann nicht der eigentliche Grund der Trauer sein. Da steckt noch etwas anderes dahinter. Denn die Verstorbenen selbst trauern ihrem Leben nicht nach, sie leiden nicht an dem, was ihnen entgangen ist. Entweder leiden sie überhaupt nicht mehr, weil sie nicht mehr sind, oder sie sind zu Gott heimgegangen. Dann sind sie dem Ziel ihres Lebens näher, als sie es in diesem Leben jemals sein konnten. Und überhaupt, wann ist ein Leben ganz ausgelebt? Um alle Möglichkeiten auszuleben, ist jedes Leben zu kurz.

Was uns traurig macht, ist weniger das bedauerliche Los der Toten als die abgebrochene Beziehung zwischen uns und ihnen. Nach dem Begräbnis meines ältesten Bruders, als wir Geschwister beim Kaffee saßen, sagte ein Bruder, vor sich hin ins Leere starrend, mehr zu sich selbst als zu uns: „Einer fehlt jetzt". Sonst nichts. Mit diesen Worten war gesagt, was ihn innerlich bewegte. Einer fehlt. Nicht nur in diesem Augenblick, da wir beisammen waren. Er fehlt überall. Alles ist nicht mehr, wie es vorher war. Einige Jahre später, als dann dieser Bruder auch gestorben war, erinnerte ich mich an seinen Ausspruch. Wie recht er hatte! – Er fehlt mir.

Unsere Toten haben zu unserem eigenen Leben gehört. Sie hatten teil an ihm wie wir an dem ihren. Ihr Totsein macht uns die Vergänglichkeit allen Lebens, auch unseres eigenen, bewußt. Mit ihrem Tod ist etwas von uns mit gestorben. Eine mitmenschliche Beziehung, die unser Leben geprägt hat, unser Tun und Lassen mit bestimmt hat, ist nicht mehr. Davon sind auch unsere anderen mitmenschlichen Beziehungen betroffen. Eine Person fehlt nun in dem mitmenschlichen Beziehungsgefüge unseres Lebens.

Das verändert unsere Beziehung zu allen, die zu unserem engeren Lebenskreis gehören. Ein Bezugspunkt, der uns verband, der unser Leben bereicherte, gegebenenfalls unsere gemeinsame Fürsorge erforderte, ist weggefallen. Das ist traurig. Das ist auch dann traurig, wenn es sich um einen alten Menschen handelt, der nach einem erfüllten Leben friedlich verschieden ist. Und es bleibt traurig, weil nichts diese Beziehung ersetzen kann. Andere Beziehungen mögen an die frei gewordene Stelle treten. Aber es sind eben andere. Sie können die mit dem Toten abgestorbene Beziehung nicht ersetzen. Diese ist wie eine Wunde in unserem Leben, die man zwar verbinden kann und die mit der Zeit vernarbt. Aber die Narbe bleibt als beständige Wurzel der Trauer in uns wirksam.

Zugleich spüre ich, da ist etwas in mir, das sich wehrt gegen Erinnerungen, die traurig machen. Eine innere Stimme warnt mich gleichsam: Nicht zuviel daran rühren! Das Leben geht weiter! Denn Traurigkeit dämpft den Lebenswillen. Sie lähmt den Tätigkeitsdrang. Sie legt mir nahe, mich davon zu dispensieren, meine Aufgaben wahrzunehmen und mich den Anforderungen des Lebens zu stellen. Traurigkeit kann so zu einem süßen Gift werden. Ist es da nicht ratsam, den Erinnerungen an Tote, die uns traurig machen, wenig Beachtung zu schenken, sie nicht festzuhalten und zu pflegen, ihnen nicht mehr Raum zu geben, als für sie vorgesehen ist? Für die verstorbenen Angehörigen ist der Allerseelentag da, für die Opfer der Kriege der Volkstrauertag. Die Pietät gebietet uns zwar, unsere Toten nicht zu vergessen, das Leben aber scheint uns zu raten, es bei dieser Pietät zu belassen, die Erinnerung zurückzudrängen, sobald sie sich anschickt, uns traurig zu machen. Denn man könnte in Trauer versinken, lebensuntüchtig werden.

Totengedächtnis ohne Trauer? Womöglich gar mit Berufung auf den christlichen Glauben, der uns auf die Auferstehung zu hoffen heißt? Aber was veranlaßt uns denn, auf die Auferstehung unserer Verstorbenen zu hoffen? Setzt diese Hoffnung nicht voraus, daß unsere Toten uns wirklich fehlen, daß wir sie nicht missen möchten? Und daß sie uns fehlen, ist traurig und bleibt traurig. Gerade die Trauer um sie ist es, die mich hoffen läßt für sie.

Wenn ich die Trauer um meine Toten verdränge, sie gleichsam von meiner Erinnerung an die Toten abzutrennen versuche, verschwindet sie nicht einfach. Sie schwindet nur aus meiner Aufmerksamkeit, sinkt nur aus meinem wachen Bewußtsein ab, verselbständigt sich, wird gleichsam anonym, grundlos. Es besteht die Gefahr, daß sie zu einem Bodensatz von Schwermut wird, den ich durch eine aufgesetzte Lebendigkeit niederhalten muß, der aber an die Oberfläche kommt, wenn ich erschöpft bin oder meine Erwartungen enttäuscht worden sind. Verdrängte Trauer könnte auch der Trennungsangst Nahrung geben, die uns nach Auskunft der Tiefenpsychologie seit der Trennung von der Mutter durch die Geburt innewohnt. Aus ihr kommt jene Lebensgier, die alles an sich reißen will, was das Leben bietet, nichts verpassen und nichts loslassen will. Das Gegenteil von „mit den Toten leben" wäre demnach „gegen den Tod an leben" – solange man lebt.

Die Trauer, der ich mich aussetze, wenn ich an meine Schwester denke, ist nicht von der Art, daß sie wie ein Sog alles in sich hineinzieht, alles andere eintrübt. Sie ist nicht die lähmende Traurigkeit, die uns überkommt, wenn der Tod uns plötzlich einen lieben Menschen fortnimmt, nicht jene Trauer, die uns ganz und gar ausfüllt. Es ist eine Traurigkeit, die Raum läßt für andere Empfindungen, für Dankbarkeit, sogar für die Freude an dem, was mich schon zu ihren Lebzeiten an ihr erfreute. Denn mit dieser Erinnerung ist untrennbar die Erfahrung verbunden, daß mir die Verstorbene über die Trennung hinweg irgendwie lebendig bleibt, mir Mut zum Leben gibt im Wissen um die Vergänglichkeit meines Lebens, mir das Fortgehen aus dem Leben selbst noch als Sorge für die Lebenden zu verstehen gibt. Wenn ich Trauer nicht zulasse, können solche lebensdienlichen Wirkungen, wie sie mir aus der Erfahrung des Hinscheidens meiner Schwester erstmals voll bewußt wurden, mir nicht zufließen. Von daher habe ich auch in der Erinnerung an meine anderen Toten etwas entdeckt, das erst durch ihren Tod zum Leben gekommen ist. Ist es nicht oft so, daß erst der Tod eines Menschen, der zu unserem Leben gehörte, uns die Bedeutung, die er für unser Leben hatte, ganz bewußt werden läßt? Wir konnten uns gar nicht vorstellen, wie das Leben ohne ihn wäre. Solange er mit uns lebte, gehörte er selbstverständlich zu uns. Das Besondere, ihm allein eigene, war gleichsam verdeckt durch das Alltägliche, uns gemeinsam betreffende. Dieses Besondere, nur ihm Eigene, erscheint gerade dadurch, daß es nicht mehr zu unserem Leben gehört, als etwas, das in sich wertvoll ist, in sich Bestand hat. Wir wünschen von ganzem Herzen, es möge auch getrennt von unserem Leben bestehen bleiben, es möge immer bleiben. Die Trauer um unsere Toten weckt so in uns die Sehnsucht nach dem ewigen Leben. Ich will und kann mir einfach nicht vorstellen, daß z. B. mein Vater, meine Mutter und meine verstorbenen Geschwister ganz und gar nicht mehr sind. Der Glaube an die Auferstehung Christi und das Fortleben der Toten bekommt durch die Trauer um die Toten sozusagen einen Anschub von unten, aus dem Herzen. Er bekommt Wärme und Leidenschaft, Lebensnähe.

Nicht von ungefähr hat das Gedächtnis der Toten in der zentralen Feier des christlichen Glaubens, der Eucharistie, seinen festen Platz. Es ist im eucharistischen Hochgebet verbunden mit dem Gedächtnis des Todes und der Auferstehung Christi. In den liturgischen Texten wird es gewöhnlich als Bitte formuliert. Gott möge unserer Toten gedenken! Aber diese Bitte kommt uns von Herzen, weil wir ihnen nachtrauern, weil sie uns fehlen. Wir bitten sozusagen darum, daß sie auch Gott fehlen mögen, daß er sie nicht missen will. Indem wir der Toten gedenken, greift die Feier der Auferstehung Christi in unser Leben hinein, erfaßt sie unsere Herzen. Indem wir unsere Toten Gott anempfehlen, helfen sie uns, die Auferstehung Christi und unserer Toten zu feiern. Indem wir für sie beten, helfen sie uns, im Angesicht des Todes zu leben, statt uns im Trotz gegen unsere Vergänglichkeit in das Leben zu stürzen oder wegen unserer Vergänglichkeit am Leben zu verzweifeln.

Jenseits der Wand erklang
Ihre Stimme.
  Eine Wand nur
Trennt vom Himmel die Welt.

Aber schrecklich ist's,
Denn alle stehn dort drüben
Und wir können uns nicht sehn!

Juan Ramón Jiménez

Leiden an den Toten

In einer Gesprächsrunde über das Gedächtnis der Toten kamen wir auch auf jene Erfahrung zu sprechen, daß in unserer Erinnerung eine Klärung stattfindet. Was uns am Leben unserer Toten positiv beeindruckt hat, tritt nach ihrem Tode deutlicher ins Licht. Da stieß eine Teilnehmerin sichtlich empört hervor: „Aber nicht immer"! Sie hat Recht. Nach dem Tod kann sich auch das Bild verfinstern, das uns von einem Menschen in Erinnerung geblieben ist. Was unsere Beziehung zu ihm belastete, niederdrückte, uns das Leben schwer machte, wird uns nach seinem Tode erst so richtig bewußt. Unsere Erinnerung hat sich konzentriert auf die verletzenden oder gar tief und nachhaltig verwundenden Erfahrungen mit ihm. Diese haben sich zu der Gestalt des Toten verdichtet, die uns vor Augen steht, wenn wir an ihn denken. Sie bestimmen das Bild, das uns von ihm geblieben ist.

Als ich vor einigen Jahren einen Besuch in meiner Heimat machte, es war kurz vor Weihnachten, traf ich einen Mitschüler aus den ersten Schuljahren. Er erzählte mir, unser damaliger Lehrer sei vor einigen Tagen in hohem Alter gestorben. Ich schaute ihn aufhorchend an. Er zeigte keine Spur von Bedauern, keinerlei Rührung. Mir ging es ebenso. Teilnahmslose Kälte war zwischen uns. Während wir über ihn sprachen, gerieten wir in heftige Erregung. Wir waren uns einig: „So einer hätte nie Lehrer sein dürfen"! Was uns aus der Fassung brachte, lag weit zurück in unserer Kindheit. Dieser Lehrer hatte sich in der Schule jeden Morgen einen von uns nach vorne geholt und vor unseren Augen mit einem Stock auf ihn eingeschlagen, bis er winselte wie ein Hund. Manchmal zeigte er uns schon, wenn er in die Klasse kam, genüßlich den Weidenstock, den er sich unterwegs geschnitten hatte. Der geringste Anlaß genügte ihm, davon Gebrauch zu machen. Dagegen ging er, wenn er uns außerhalb der Schule traf, wie ein guter Kumpel mit uns um. Mit keinem Wort kam er auf sein Verhalten in der Schule zurück. Bei meinen Eltern war er sehr beliebt.

Als ich nach der Wiederbegegnung mit meinem ehemaligen Mitschüler wieder allein war, erschrak ich über mich selbst. Wie war das möglich, daß mich sein Tod so kalt ließ, daß ich nur mit Widerwillen an ihn denken konnte. Und das vor Weihnachten, dem Fest des Friedens! Nach so vielen Jahren war das Kindheitserlebnis in mir noch lebendig, als wenn es gestern gewesen wäre. Es ist klar, als Kind war ich solcher willkürlichen Gewalt völlig ausgeliefert. Ich hatte keine Möglichkeit zu verstehen, was da in diesem Lehrer vorging. Aber auch in all den Jahren danach hatte ich mich nicht damit auseinandergesetzt. Wenn mir das Geschehene wieder in den Sinn kam, bin ich möglichst achtlos – verächtlich – darüber hinweggegangen. Ich hatte es geächtet, hatte es gleichsam in mir vergraben. Jetzt wurde mir bewußt, daß ich auch später gegenüber Menschen, die körperliche Gewalt ausübten, immer Widerwillen und Verachtung empfunden hatte. Sie kamen mir wie wilde Tiere vor, denen man aus dem Wege gehen muß. Mit ihnen wollte ich möglichst nichts zu tun haben. Wenn mir sonst das Verhalten anderer nicht paßt, drängt sich mir gewöhnlich als erstes die Frage auf, was in ihnen wohl vorgehen mag, daß sie so sind und handeln. Ich suche mir ihr Verhalten verständlich zu machen. Bei gewalttätigen Menschen habe ich mich immer schwer getan mit dieser Frage. Nun, nach dem Tode des Lehrers kurz vor Weihnachten, zwang ich mich dazu, mich dieser Frage bewußt zu stellen. Ich versuchte mich in den Verstorbenen hineinzudenken. Wahrscheinlich hatte es in seinem Leben auch ein unbewältigtes Erlebnis gegeben. Seine Gewalttätigkeit hatte ja völlig unverbunden neben seinem sonstigen Verhalten gestanden. Vielleicht war sie auch ihm selbst unerklärlich gewesen. Vielleicht hat er selbst auch unter dieser seiner Abart gelitten, anderen Schmerzen zuzufügen. Auf Grund solcher Überlegungen konnte ich anfangen, mitleidend an meinen verstorbenen Lehrer zu denken. Ich lernte, auch bei gewalttätigen Menschen zu unterscheiden zwischen dem, was sie tun und was in ihrem Inneren vorgeht. Der Widerwille gegen ihr Tun führte nicht mehr dazu, sie auch als Menschen zu verachten. Denn was einen Menschen zur Gewalttat bewegt, ist wohl immer eine Mischung aus Absicht und innerem Zwang. Dieses Gemisch zu entwirren, steht mir nicht zu.

Nach dem Tod eines Menschen, der zu unserem Leben gehörte, wird uns oft erst bewußt, wie tief die Verletzung sitzt, die wir von ihm erfahren haben, oder auch, wie tief wir in seiner Schuld stehen, weil wir ihm nicht gerecht geworden sind. Ein unentwirrbares Gemisch von Verletztsein und Schuldgefühl, von Zuneigung und Vorwurf findet sich nicht selten in der Erinnerung an die toten Eltern, etwa der Tochter an die Mutter oder des Sohnes an den Vater. Unentwirrbar ist es, weil seine Anfänge bis in die frühe Kindheit zurückreichen. Wer hätte sich nicht als

Kind von seinen Eltern oder Erziehern einmal ungerecht behandelt gefühlt? Und, wenn man auch vieles vergessen hat, das vergißt man nicht. Man weiß es sehr wohl, aber man will es eigentlich nicht mehr wissen.

Wir denken nicht gern daran, was da zwischen uns und den Toten steht. Die Erinnerung daran bereitet uns Leiden. Aber es schafft uns auch Leiden, wenn wir die Gedanken beiseite schieben, die Erinnerungen zuschütten. Sie ruhen dann nicht, sondern treiben uns zu Gefühlsregungen, Urteilen und Handlungen, die wir, wenn wir uns besinnen, nicht gut finden. Sie entziehen sich unserer Kontrolle, zeigen uns nicht ihr wahres Gesicht, nämlich das Gesicht des Toten, wie er in uns lebt und wirkt. Wenn wir mit dem Toten um Verständnis, Vergebung und Versöhnung ringen, kann das Leiden an ihm und das Mitleiden mit ihm für uns zu einem Heilungsprozeß werden.

Vielleicht gibt es Verwundungen, die so tief sitzen, daß sie auch nach dem Tode dessen, der sie verursachte, nicht heilen können. In einem Vortrag über die christliche Hoffnung äußerte ich einmal, das Gebot der Feindesliebe fordere von uns, wenn wir es ganz ernst nehmen, zu hoffen, daß alle Menschen bei Gott Erbarmen finden, auch z.B. Adolf Hitler. Sofort rief einer der Zuhörer laut und bestimmt: „Nein! Das geht zu weit“. Was mag er erlebt haben, das hier aus ihm herausbrach, unaufhebbar und keinen Widerspruch zulassend? Vielleicht konnte er nur weiterleben, wenn er der Erinnerung keinen Raum gab, wenn dieser Tote für ihn einfach nicht mehr existierte. Verdammt in alle Ewigkeit! Ein um Verständnis ringendes Nachdenken würde das Erlebte wieder so mächtig werden lassen, daß es ihn überwältigen würde. Es mag solche unüberwindlichen Grenzen seelischer Belastbarkeit geben. Dennoch steht uns das letzte Urteil über Heil und Unheil eines Menschen nicht zu. Auch die Katholische Kirche, die einige Verstorbene als Heilige verehrt, traut sich nicht das gegenteilige Urteil zu, daß auch nur ein einziger Mensch, z. B. Judas, auf ewig von Gott verstoßen sei.

Im Fernsehen habe ich einmal eine kleine Geschichte gesehen, die das Leiden an den Toten recht anschaulich macht. Sie handelte von einem alten Mann, der in der Nähe des Friedhofs in einem Altenheim lebt. Bei gutem Wetter geht er auf dem Friedhof umher und betrachtet die Gräber. Wenn er auf ein ungepflegtes Grab stößt, holt er sich eine noch nicht verblühte Blume aus einem Abfallkorb, in den die Friedhofsgärtner die alten Blumen werfen, wenn sie ein Grab neu bepflanzen, dessen Pflege ihnen aufgetragen ist, und setzt diese Blume auf das verwahrloste Grab. Wie er damit gerade wieder an einem Grab beschäftigt ist, hört er eine Frau hinter sich fragen: „Kennen Sie den Toten da?" Er wendet den Kopf: „Nein, wieso?" Sie fährt fort: „Wenn Sie den nämlich gekannt hätten, würden sie sein Grab keines Blickes würdigen. Der da liegt, war mein Mann. Der hat mir viele Jahre meines Lebens zur Hölle gemacht. Dem weine ich keine Träne nach." Der Alte setzt sich zu ihr auf eine Bank und erzählt ihr, wie er dazu gekommen ist, verwahrloste Gräber zu richten und eine Blume darauf zu setzen. Auf seinem Spaziergang über den nahen Friedhof, den er bei schönem Wetter gewöhnlich mache, sei ihm einmal ein völlig verwahrlostes Grab aufgefallen. Und sobald er den Namen des Toten gelesen habe, sei er böse geworden: „Kein Wunder, daß der niemanden hat, der ihm nachtrauert und sein

Grab in Ordnung hält. Geschieht ihm recht. War das ein unverträglicher und hochnäsiger Kerl." Der Tote habe mit ihm im selben Altenheim gewohnt. Unausstehlich sei er gewesen, habe ihn immer von oben herab behandelt, ihn verspottet und lächerlich gemacht, wo er nur konnte. Dann sei er wohl ins Krankenhaus gekommen und dort gestorben. Der Anblick seines trostlosen Grabes habe ihn aber doch nachdenklich gestimmt. Er habe nicht einfach seines Weges gehen können. Unruhig habe er um sich herumgeschaut und den Abfallkorb entdeckt. Er habe sich einen Ruck gegeben und aus dem Korb eine Blume herausgesucht, die noch nicht verblüht war. Die habe er auf das Grab gepflanzt. Seitdem mache er an jedem verwahrlosten Grab halt. Denn *eine* Blume ist jeder Mensch wert. – Kurz nach dieser Begegnung stirbt der Mann. Und man sieht nun eine Frau auf dem Friedhof umhergehen und verwahrloste Gräber mit einer Blume schmücken. Denn eine Blume ist jeder Tote wert.

Oberflächlich betrachtet, könnte die Moral von der Geschichte lauten: Auch die Gräber der unbekannten Toten soll man pflegen. Denn jeder Mensch ist das wert. Aber die beiden Alten sehen doch wohl in allen anderen verwahrlosten Gräbern das eine, das Grab ihres Toten. Jedes dieser Gräber bringt ihnen die leidvollen Erlebnisse mit ihm in Erinnerung. Jede Blume gilt dem Menschen *hinter* der ekelhaften Gestalt, in der er ihnen erscheint. In einem schmerzhaften Prozeß tritt hinter dieser Gestalt der andere Mensch ins Bild, der eben nicht ganz aufgeht in dem, was sie verletzt hat. Was sie da durchmachen, ist eine Art Fegefeuer.

Das sogenannte Fegefeuer, in dem nach der uns geläufigen Vorstellung die Verstorbenen ihre Sünden abbüßen, zeigt sich hier als ein Geschehen zwischen Lebenden und Toten, zwischen uns und unseren Verstorbenen. Das fürbittende Denken an die sogenannten Armen Seelen hat den Sinn, im Beter die Versöhnungsbereitschaft zu wecken und zu stärken. Es hat den Sinn, die Verachtung, den Haß hinwegzufegen, den die Erinnerung an den Toten immer wieder lebendig werden läßt. Das Gebet für die Toten, an die wir nicht gerne denken, soll uns veranlassen, im Hinblick auf die Ewigkeit auszuleiden, was zwischen uns und ihnen noch als offene Wunde klafft. Es setzt zunächst und vor allem bei uns selbst einen Heilungsprozeß in Gang. Was es bei den Toten bewirkt, entzieht sich uns wiederum, wie alles, was jenseits des Todes liegt, in das Geheimnis hinein, das Lebende und Tote umfaßt und verbindet. Unser Urteil über die Toten stimmt sicher nicht mit dem Urteil dessen überein, der allein ins Herz des Menschen schaut. Aber wenn Er, der über allem und in allem ist, alles heilen und versöhnen will, trägt sein Wille dann nicht auch unseren Versöhnungswillen zu unseren Toten und den ihren zu uns?

„Gott, denke nicht nur an die Männer und Frauen guten Willens, sondern auch an die mit bösem Willen. Doch erinnere dich nicht an die Leiden, die sie uns zugefügt haben. Erinnere dich an die Früchte, die wir durch dieses Leiden gebracht haben, unsere Kameradschaft, unsere Loyalität, unsere Demut, unseren Mut, unsere Großzügigkeit, die Größe des Herzens, die daraus gewachsen ist. Und wenn sie zum Gericht kommen, lass alle Früchte, die wir hervorgebracht haben, ihre Vergebung sein."

Gebet einer unbekannten Frau,
gefunden auf einem Stück Einwickelpapier
im Konzentrationslager Ravensbrück

Warum nicht ich?

Auch einige Verstorbene, die nicht gerade zu meinem eigenen Leben gehörten, gehen mir nicht aus dem Kopf. Ich habe sie immer mal wieder vor Augen, ohne besonderen Anlaß. Es sind solche, die in meinem Alter oder etwas jünger waren als ich, z. B. Schulkameraden, Berufskollegen, entferntere Verwandte. Von ihnen habe ich kaum mehr in Erinnerung als die Tatsache, daß sie schon gestorben sind. Wohl wegen dieser Tatsache haften sie in meinem Gedächtnis und treten von Zeit zu Zeit in mein Bewußtsein. Denn diese Tatsache stellt mich vor die Frage: Warum sie und nicht ich? Wenn ich von ihrem Tode hörte oder bei ihrer Beerdigung dabei war, konnte es geschehen, daß mir unwillkürlich eine mögliche Erklärung für ihren frühen Tod in den Sinn kam: Er bzw. sie hat vielleicht zu fett gegessen, zuviel getrunken oder geraucht, hat sich wahrscheinlich keine Ruhe gegönnt, immer nur gearbeitet. Oder: Er/sie war immer schon kränklich, ist zu spät zum Arzt gegangen, hat zu viele Tabletten genommen. Daß nicht nur mir solche Gedanken kamen, konnte ich aus Äußerungen anderer, etwa beim Beerdigungskaffee, heraushören.

Was verbirgt sich hinter solchen Erklärungsversuchen? Wahrscheinlich sind sie eine spontane Abwehrreaktion gegen die sich aufdrängende Einsicht: Es hätte auch mich treffen können. Wenn ich eine Ursache dafür ausfindig machen kann, warum der andere gestorben ist und nicht ich, dann bin ich aus der Schußlinie. Der Versuch, sich den Tod des anderen verständlich zu machen, ist eine Art Schutzschild gegen das Unheimliche des Todes, der gleichsam wahllos zuschlägt. Wenn es einen Grund hat, daß es gerade ihn getroffen hat, brauche ich keine Angst zu haben. Ich kann beruhigt sein. Ich bin noch nicht an der Reihe. Der Tod verliert etwas von seinem Schrecken.

Doch diese ersten Maßnahmen des Selbstschutzes verlieren ihre Kraft, sobald der Verstorbene die anderen Toten in Erinnerung ruft und sich einreiht in die Schar der vielen, bei denen sich auf die Frage: „Warum gerade sie?“ keine beruhigende Erklärung einstellt. In meiner Erinnerung sind das vor allem die Mitschüler, die noch kurz vor Kriegsende zum Landsturm oder Arbeitsdienst eingezogen und an die Front geschickt wurden, um für nichts und wieder nichts zu sterben. Von manchen hat man nichts mehr gehört. Man weiß nicht, wo und wie sie gestorben sind. Nur ihre Gesichter habe ich noch vor Augen. Von manchen weiß ich sogar nur noch den Namen. Das ist alles. Warum kommen sie mir überhaupt noch in den Sinn? Sie scheinen mir nur dieses eine sagen zu wollen: Es ist nicht selbstverständlich, daß du lebst, noch lebst. Sicherlich, auch Verstorbene, von denen mir vieles in Erinnerung geblieben ist, können mir die Fragwürdigkeit meines Noch-Daseins bewußt werden lassen; aber bei ihnen ist das nicht die einzige oder hauptsächliche Botschaft, wie sie es bei jenen anderen ist. Bei ihnen ist die Erinnerung daran, daß sie schon tot sind, gleichsam eingebettet in das, was mir von ihnen sonst noch lebendig geblieben ist. Jene anderen haben mir dagegen nur das eine zu sagen: Du könntest tot sein wie wir.

Warum lebe ich noch, während jene anderen sterben

mußten – oder durften? Die Botschaft jener Toten hat mein Lebensgefühl im Laufe der Zeit verschieden berührt. In den ersten Nachkriegsjahren hat sie ein Gefühl der Bedeutungslosigkeit meines Daseins geweckt. Es ist letztlich egal, ob man lebt oder nicht lebt. Es schien ja damals in einer Welt sinnloser Zerstörung und Vernichtung nichts zu geben, weswegen es sich zu leben lohnte. Das Leben als solches schien nicht erstrebenswert. Es war offensichtlich nicht so beschaffen, daß es Menschen glücklich und zufrieden machen kann. Aus diesem Lebensgefühl heraus suchte ich einen Grund und Halt jenseits dieser Welt. Denn nur, wenn es diese verborgene jenseitige Wirklichkeit gibt, kann man ein Leben in dieser Welt aushalten. Allein das Mysterium, das jenseitige Geheimnis Gottes, hebt die Gleichgültigkeit gegenüber leben oder tot sein auf. Die Tatsache meines Daseins bekommt erst dadurch eine Bedeutung, daß mir dieses Dasein ‚von oben' aufgegeben ist. Die Tatsache, daß man lebt, wird erst sinnvoll durch die Aufgabe, durch das, wofür man zu leben hat. Nicht, daß man da ist, sondern daß man für etwas oder für jemand da ist, macht das Leben lebenswert. Diese Lebenseinstellung hat vermutlich damals die Wahl meines Lebensweges stark beeinflußt.

Aber die Botschaft jener Toten: warum wir und nicht du, war damit nicht ausgeschöpft. Erfahrungen von Versagen und Enttäuschung ließen in mir das Gefühl aufkommen, für nichts zu gebrauchen und daher überflüssig zu sein in der Welt. In solchen Erfahrungen des Scheiterns an der Aufgabe ‚von oben' meldeten sich jene Toten erneut zu Wort: Es ist auch nicht selbstverständlich, daß dein Leben gebraucht wird, daß es für etwas oder jemand nützlich ist.

In der Tat, jene sind ja nicht deshalb vorzeitig gestorben, weil sie nicht oder nicht mehr gebraucht wurden, zu nichts mehr nütze waren. Wer weiß, was sie ihren Mitmenschen und der Welt hätten geben können? So brachte mich die Erinnerung der Toten wieder vor das Geheimnis meines Daseins: Warum bin ich eigentlich da, wenn der Sinn meines Lebens nicht daran hängt, daß ich eine bestimmte Aufgabe erfülle, etwas Bestimmtes erreiche? Den tiefsten Grund meines Daseins finde ich nicht darin, daß ‚jemand' mit mir etwas besonderes vorhat. Denn es bleibt für mich ein unergründliches Geheimnis, für wen oder was dieser Jemand mich benutzt.

Wenn es Ihn gibt, den jenseitigen allumfassenden Ursprung unseres Daseins, dann muß der tiefste Grund meines Daseins allein schon darin liegen, daß ich überhaupt da bin. Schon indem ich da bin, habe ich teil am Ursprung allen Lebens, bin ich ein Abkömmling seiner unendlichen Lebensfülle. Was mein Leben wertvoll macht, ist der Widerschein des jenseitigen Ursprungs, der auf mein Dasein fällt. Die Toten, die der Tod ihrer Lebensaufgabe beraubt hat, sagen mir, daß ihr Leben nicht vergebens war, weil allein schon in ihrem Dasein der ewige Glanz ihres Ursprungs aufgestrahlt ist und in alle Ewigkeit aufstrahlen wird. Wenn es ihn gibt, den Gott allen Lebens, dann ist keiner überflüssig, dann will er jeden einzelnen, dann liebt er in jedem einzelnen und in allen Lebenden und Toten den Abglanz seiner Lebensfülle. Allein, daß ich da bin, ob lebendig oder tot, ist schon Grund genug, da zu sein. Nicht erst die Aufgabe, die ich zu erfüllen habe, macht mein Leben sinnvoll, sondern schon die Gabe des Lebens selbst. Ich brauche nicht zu rechtfertigen, daß ich noch lebe, indem ich mich nützlich mache. Umgekehrt, weil das Leben, meines und das jedes anderen, schon in sich liebenswert ist, sollte ich versuchen, das Beste daraus zu machen.

Die sogenannten früh vollendeten Toten, deren Leben in Wirklichkeit unvollendet war, müssen sich wohl wieder und wieder in Erinnerung bringen, um diese Botschaft auszurichten. Denn es braucht Zeit, das eigene Leben, wenn es einem nutzlos, überflüssig oder gar widerwärtig vorkommt, zu bejahen, es gewollt und geliebt zu wissen, grundsätzlicher und unbedingter, als man es selber überhaupt wollen und lieben kann. Der ewige Schöpfer aller Zeiten und Generationen, der unendliche Ursprung des ganzen Universums soll auf jeden einzelnen bedacht sein? „Was ist der Mensch, daß du an ihn denkst, des Menschen Kind, daß du dich seiner annimmst?“ (Psalm 8,5). Erst allmählich stellt sich so etwas wie Dankbarkeit ein, daß man leben darf. Man empfindet wohl immer noch die Last, die einem dieses Leben zumutet und abverlangt. Aber überhaupt leben zu dürfen, teilhaben zu dürfen an allem, was lebt, und darin den unendlichen Geber allen Lebens erahnen zu dürfen, ist schon Grund genug zu leben. Es erzeugt ein Grundgefühl der Dankbarkeit. Schon vor allem, was mir vergönnt wird oder mir zustößt: danke, daß ich sein darf, daß es mich überhaupt gibt. Jeder Tag, an dem man lebt bzw. noch lebt, ist schon vor allem, was man an ihm erlebt, tut und erleidet, ein Geschenk, eine Gabe aus der unerschöpflichen Quelle des ewigen Ursprungs, aus der auch die vorzeitig aus diesem Leben Genommenen ewiges Leben schöpfen. Das Grundgefühl der Dankbarkeit schärft die Aufmerksamkeit für das Schöne und Gute, das ich erleben – noch erleben darf. Es macht aber auch das Belastende des Daseins erträglicher.

In unserer Erinnerung an das ungelebte Leben der Toten erfahren wir somit eine Lebensaufgabe dieser Toten, eine Aufgabe für unser Leben. Ihr ungelebtes Leben erweist sich als ein Leben für uns, zu unserem Besten. Und von dieser Erfahrung fällt ein Licht auf das Kerngeheimnis unseres Glaubens: auf das gewaltsam abgebrochene Leben Jesu, auf seinen Tod am Kreuz für das Leben der Welt.

Kennst du das, daß durch das Laubwerk Scheine
fallen in den Schatten, und es weht …
Wie dann in des fremden Lichtes Reine,
kaum geschaukelt, blau und einzeln, eine
hohe Glockenblume steht:

Also bist du, bei den Toten, immer
in ein ausgespartes Licht gestellt,
langsam schwankend … Andre leiden schlimmer.
Und in deinem unbenutzten Schimmer
spielt der Überfluß der Unterwelt.

Rainer Maria Rilke

Als Lebende fremd geworden, als Tote nahe gekommen

Unter den Toten, deren ich mich hin und wieder erinnere, sind auch solche, mit denen ich eine Zeitlang viel zusammen war, die ich dann aber völlig aus den Augen verloren habe. Sie sind aus meinem weiteren Leben einfach verschwunden. Einige davon habe ich nach Jahren noch einmal getroffen. Von der früheren Gemeinsamkeit war nichts mehr zu spüren. Sie waren mir fremd geworden, befanden sich wie in einer anderen Welt, in einer Welt, zu der ich nicht mehr gehörte. Ein paar nette Worte wurden gewechselt. Das war's dann auch. Wir gingen unserer Wege ohne den erkennbaren Wunsch, uns noch einmal wiederzusehen.

Ob es an ihnen lag oder an mir, vermag ich nicht zu sagen. Vielleicht war ich es, der sich so geändert hatte, daß sie mit mir nichts mehr anzufangen wußten. Man bemerkt es ja selber weniger als die anderen, wie man mit den sich wandelnden Lebensumständen, Aufgaben und Erfahrungen auch selbst ein anderer wird. Nur in außergewöhnlichen Situationen kann es passieren, daß man sich selber fremd wird. Man entdeckt Emotionen und Verhaltensweisen, die man bei sich nicht gekannt hat, nicht einmal für möglich gehalten hätte. Man kennt sich nicht mehr wieder. Es wird also wohl so gewesen sein, daß beide, sie und ich, uns in der langen Zeit, da wir keinen Kontakt miteinander hatten, bis zur Unkenntlichkeit füreinander verändert hatten.

Dann las oder hörte ich eines Tages die Todesnachricht. Zwei Erinnerungen tauchten bei mir auf, die an die gemeinsame Zeit und die an die spätere Begegnung. Die beiden ließen sich nicht verbinden. Und doch war mir darin – oder sollte ich lieber sagen: dahinter? – die verstorbene Person merkwürdig gegenwärtig. Sie war das, was mir von ihr in Erinnerung geblieben war, und war es doch nicht. Wer war sie eigentlich? Ich weiß es nicht. Jedesmal, wenn ich an sie denke, über sie nachdenke, verlieren sich meine Gedanken wieder im Unergründlichen. Nicht, daß ich sie selbst aus dem Gedächtnis verlöre. Sie ist mir gerade als unergründliche gegenwärtig. Gerade dadurch, daß die beiden Erinnerungsbilder nicht zueinander passen, vergegenwärtigen sie mir das Undurchschaubare, Unantastbare der verstorbenen Person.

Dennoch, sie war mir früher einmal vertraut, ich war gerne mit ihr zusammen. Wir mochten uns. Schade, daß ich an ihrem weiteren Leben keinen Anteil genommen habe. Hätte ich es können? Vielleicht. Aber man kann nicht mit allen, die man einmal gut gekannt hat, ein Leben lang verbunden bleiben. Mit ein paar Postkarten im Jahr, aus dem Urlaub, zum Geburtstag, zu Weihnachten, ist es ja nicht getan. Zu wissen, wo sie derzeit leben, was sie derzeit tun, genügt nicht. Man müßte ihre derzeitigen Gedanken mitdenken, ihre Empfindungen nachempfinden, ihre Erfahrungen nachvollziehen. Das aber kann man immer nur bei wenigen. Und da sind die, mit denen man gegenwärtig Kontakt hat, einem näher. Sie nehmen unsere Aufmerksamkeit so in Anspruch, daß für die früheren nicht genügend übrig bleibt.

Mache ich es mir da nicht etwas zu leicht? Waren nicht

auch welche darunter, wo es mir gelegen kam, daß der Kontakt abbrach oder allmählich einschlief? Vielleicht hatten sie mich zu sehr in Anspruch genommen, hatte ich mich von ihnen ausgenutzt gefühlt. Oder ich hatte es nicht ertragen können, daß sie in manchem anderer Meinung waren, in bestimmten Dingen mein Verhalten mißbilligten. Ich war womöglich damals zunächst ganz froh, daß ich sie los war. Sie entschwanden nicht einfach aus meiner Aufmerksamkeit, ich selber hatte sie mehr oder weniger absichtlich daraus entfernt. Also waren es wohl nicht immer nur die veränderten Lebensverhältnisse, die uns einander fremd werden ließen. Aber jetzt, wo sie tot sind, werde ich sie nicht mehr so leicht los. Sie kommen mir wieder nahe. Sie beschäftigen mein Erinnern sogar mehr als die, mit denen ich mich einfach auseinandergelebt hatte.

Die Toten, die wir zeitweise einmal gekannt haben, nehmen unsere Aufmerksamkeit offenbar anders in Anspruch als die Lebenden. Da geht es nicht darum, uns nachträglich in ihr Leben einzufühlen, es nachzuleben. Wie denn auch? Sie können uns ja nicht mehr mitteilen, was in ihnen vorging, was sie enttäuschte, was ihnen Freude bereitete, was ihnen wichtig war und was sie ablehnten. Beim Gedanken an sie stellt sich unwillkürlich der Wunsch ein, es möge gut mit ihnen zu Ende gegangen sein, friedlich.

Was meint dieser Wunsch? Daß sie, wie man so sagt, einen leichten Tod gehabt haben? Das wohl auch. Aber das betrifft das bereits Geschehene. Das betrifft nicht das Rätsel ihrer Person, wie es mir nach ihrem Tod erst so recht gegenwärtig geworden ist. Ihr Tod selbst war nur das Ende der letzten einer Kette verschiedener Abschnitte ihres Lebens, von denen ich einen gut und einen anderen flüchtig gekannt habe. Nichts spricht dafür, daß am Ende des letzten Abschnitts alle früheren ihren krönenden Abschluß finden könnten. Zwar gibt es Menschen, die, wenn's zum Sterben geht, bewußt die Summe ihres Lebens ziehen. Aber es ist die Summe ihres Lebens, wie sie es zu diesem Zeitpunkt, kurz vor ihrem Tode in Erinnerung haben und ansehen. Nicht nur unser Leben verändert sich. Auch unsere Erinnerungen wandeln sich mit den Zeiten. An die vorangegangenen Lebensabschnitte, z. B. Kindheit, Jugend, erinnern wir uns in jedem nachfolgenden Abschnitt wieder anders. Nicht ganz anders. Aber die vergangenen Lebensphasen erscheinen aus späterer Sicht in einem anderen Licht. Die Summe, die jemand am Ende seines Lebens zieht, umfaßt also nicht das Ganze seines Lebens. Sie umfaßt nur die Erinnerung, die er in seinem letzten Lebensabschnitt von seinem ganzen Leben hat.

Das gute Ende, das ich der verstorbenen Person wünsche, meint nicht das zeitliche Ende ihres Lebens, sondern das gute Ende ihres ganzen Lebens. Das Ganze ihres Lebens, der Ertrag aller seiner verschiedenen Abschnitte von der Kindheit bis zum Alter, wenn es ihn denn gibt, könnte nur von jenseits der Lebenszeiten in den Blick kommen. Entweder ist ihr Leben mit dem Tode zerfallen in einzelne Bruchstücke, hinterlassene Erinnerungsstücke des Gewesenen, oder da ist eine überzeitliche Wirklichkeit, auf die hin diese Bruchstücke sich zusammenfügen, ein Licht, das alle diese getrennten Lebenszeiten gleichzeitig durchleuchtet und in eins zu schauen gibt. In diesem Licht könnte das Leben der verstorbenen Person ganz werden und als ganzes erscheinen. Ihr Ende wäre ihre Vollendung. Eben dies ist das gute Ende, das ich ihr im Tiefsten wünsche, wenn ich in Liebe an sie denke.

In seinem Loblied auf die Liebe hat der Apostel Paulus diesen Wunsch, diese Hoffnung, die aus der Liebe kommt, so ausgedrückt: „Denn nur teilweise erkennen wir, und nur teilweise reden wir vom Zukünftigen. Wenn aber das Vollkommene kommt, wird das Stückwerk zunichte gemacht werden. Als ich ein Kind war, redete ich wie ein Kind, dachte wie ein Kind und urteilte wie ein Kind. Als ich ein Mann wurde, legte ich ab, was Kind an mir war. Jetzt sehen wir durch einen Spiegel in Rätseln, dann aber von Angesicht zu Angesicht. Jetzt erkenne ich Teilstücke, dann aber werde ich erkennen, wie auch ich erkannt worden bin" (1 Kor 13,9–12). Von Angesicht zu Angesicht! Das überzeitliche Licht, indem unser zerstückeltes Leben ganz wird, hat nach der Überzeugung des Apostels Paulus ein Antlitz: Der ewige Gott hat sich in Jesus Christus als Vater erwiesen. Er ist auch zu uns wie ein Vater. Ihn anschauend werden wir erkennen, werden wir vollends erkennen, wer wir selber sind.

Für mich sind die Toten, deren bruchstückhafte Erinnerung mir das Unergründliche ihrer Person vergegenwärtigt, auch ein Spiegel, in dem ich mich selbst erblicke. Dieser Spiegel läßt mich gleichsam hinter mich schauen, hinter meine Person, wie ich sie kenne. Gewöhnlich glaube ich zu wissen, wer ich bin. Ich bin der, der dies und jenes erlebt, empfindet, denkt, will usw. Das alles weiß ich von mir selbst genauer, als ich es von anderen weiß. Jener Spiegel der Toten macht mir bewußt, daß dieses Ich, dessen ich mir so sicher bin, nur ein Bruchstück ist. Und wenn ich meine Erinnerungen durchkämmen würde, um alle meine

Ich-Erfahrungen einzusammeln, sie alle wären nur Teilstücke, ganz abgesehen davon, daß meine Erinnerungen auch nur bruchstückhaft sind. Und doch machen wir uns immer wieder ein zusammenhängendes Bild von uns selbst. Ohne ein Selbstbewußtsein könnten wir unser Leben nicht in die Hand nehmen und verantwortlich gestalten. Ist mein jeweiliges Selbstbewußtsein nur eine Täuschung, da es ja nur ein Teilstück ist? Tatsächlich, es wäre eine Täuschung, wenn ich es als das Ganze meiner selbst ansähe, als das, was meine Person ausmacht. Und wenn ich mich der Wahrheit stelle, daß mein Selbstbewußtsein nur ein Bruchstück ist? Besteht dann mein Leben aus einer sinnlosen Kette verschiedener Glieder? Unser Leben, nur eine Anhäufung von Bruchstücken, die sich nicht wie ein Mosaik oder ein Puzzle zu einem Bild zusammenfügen lassen? Um der Hoffnung willen, die ich für die Toten hege, für die Vollendung ihrer Person, sehe ich auch meine Bruchstücke als vorläufige Teilstücke an, als Teilstücke, die vorlaufen auf das, was ich den Toten wünsche: Daß ich wie sie erkennen werde, wie ich erkannt bin, weil ich mit ihnen den Ewigen schauen darf, der unsere Lebenszeiten alle in eins sieht, aufhellt und durchlichtet.

Flugsand der Stunden. Leise fortwährende
Schwindung
auch noch des glücklich gesegneten Baus.
Leben weht immer. Schon ragen ohne Verbindung
die nicht mehr tragenden Säulen heraus.

Aber Verfall: ist er trauriger, als der Fontäne
Rückkehr zum Spiegel, den sie mit Schimmer
bestaubt?
Halten wir uns dem Wandel zwischen die Zähne,
daß er uns völlig begreift in sein schauendes Haupt.

Rainer Maria Rilke

Die Hinterlassenschaft der Toten

Nach dem Tod eines Menschen, der im buchstäblichen Sinne ein Angehöriger war, d.h. einer, der zu unserem Leben gehörte, erfahren wir zunächst an allen Ecken und Kanten: Er fehlt uns. Aber diese Erfahrung hat eine Kehrseite. Der Tote hat uns einen Platz hinterlassen, einen freien Raum. Er hat uns ein Stück Freiheit geschenkt. Wieso das? Unsere seelische Fähigkeit, auf andere Menschen einzugehen, ist begrenzt. Wir können nicht jedem, der unseren Weg kreuzt, unsere ganze Aufmerksamkeit schenken. Bei einem Menschen, den ich nur beiläufig gekannt habe, wird mir oft erst, wenn er gestorben ist, bewußt, wie wenig ich eigentlich von ihm weiß. Ich habe das Gefühl, ich bin ihm nicht gerecht geworden. Jeder Mensch, an dem uns etwas liegt, bindet einen Teil unserer Aufmerksamkeit. Er besetzt sozusagen einen Platz in unserem Herzen. Durch seinen Tod wird dieser Platz frei. Neue Möglichkeiten öffnen sich. Wir können uns Menschen oder Dingen zuwenden, die wir bis dahin nur vorübergehend beachtet haben.

Wer einen Angehörigen bis zum Tode gepflegt hat, kennt das zwiespältige Gefühl, wenn dieser gestorben ist. Die Pflege hat ja nicht nur viel Zeit gekostet, sondern ihn auch innerlich in Anspruch genommen. Sie hat einen großen Teil seiner Aufmerksamkeit und seines Einfühlungsvermögens an sich gezogen. Dies umso mehr, wenn Krankheit oder Alter das Verhalten des Pfleglings verändert haben, wenn er Dinge sagt und tut, die man von ihm nicht gewohnt war. Schmerzlich wird diese Erfahrung, wenn es sich um Vater oder Mutter handelt. Man hat in der mehr und mehr verfallenden Gestalt immer die frühere Lebendigkeit mitgesehen: Vater oder Mutter, wie sie einem von Kindheit an vertraut waren; die Liebe und Sorge, die man von ihnen empfangen hat. Das veränderte Verhalten hat weh getan. Man mußte sich jedesmal, wenn es einen befremdete oder verletzte, wieder durchringen zu der Einsicht: Das ist nicht mehr er oder sie selbst, sondern das macht die Krankheit, das Alter. Das Selbst verschwindet schon dahinter, beginnt schon zu sterben. Diesen Sterbeprozeß erleben die, welche ihn begleiten, als langen unaufhaltsamen Abschied. Hat dann der Tod sein Werk getan, tröstet man sich damit, daß es für den Verstorbenen ja eine Erlösung war. Aber war es das nur für ihn? Man gesteht es sich nicht gerne ein: Auch für einen selbst ist es eine Erlösung, eine Befreiung. Man kann freier atmen, ist nicht mehr so in Beschlag genommen. Man hat wieder mehr Zeit und Interesse für andere Dinge. Man kann sich anderen Angehörigen mehr widmen.

Manche Todkranke wissen um diese Bedeutung ihres Todes für die Lebenden. Sie nehmen den unvermeidlichen Tod auch darum willig auf sich, weil er die pflegende Person entlastet. Sie schenken ihr bewußt Freiheit. Sie sorgen sich darum, was nach ihrem Tod mit den Hinterbliebenen geschieht. „Wenn ich tot bin, gönne dir mal eine Urlaubsreise, tue etwas, was dir Freude macht“, sagen sie etwa, wenn es mit ihnen zu Ende geht. Daß er andere leben läßt, gibt ihrem Tod einen zusätzlichen Sinn.

Allerdings kommt es auch vor, daß Sterbende ihre Angehörigen noch nach ihrem Tod an sich binden wollen:

„Wenn ich nicht mehr bin, mußt du dich um diesen oder jenen kümmern, mußt du dies oder jenes in Ordnung halten. Versprich mir das!“ Sie wollen gleichsam in ihrem Sohn oder ihrer Tochter ihr eigenes Leben weiterführen, womöglich durch ein Testament abgesichert. Sie trauen den Hinterbliebenen nicht zu, daß sie den frei gewordenen Platz und gegebenenfalls das hinterlassene Erbe mit der gebührenden Achtung übernehmen. Natürlich hat nicht jede auf dem Sterbebett geäußerte Bitte diesen Charakter. Sie kann auch Mut machen wollen, in die verantwortliche Stellung aufzurücken, die der Sterbende hinterläßt. – In dieser Hinsicht ist es übrigens erstaunlich, welche Freiheit Jesus, als er starb, seinen Jüngern zugetraut hat. Er hat kein Lehr- oder Gesetzbuch hinterlassen, keine Kirchenordnung. Als er starb, „übergab er den Geist“ (Joh 19,30) an sie. Aus diesem Geist sollten seine Anhänger und deren Nachfolger seine Lebensaufgabe, die Sammlung der Menschen zum Reich Gottes, weiterführen.

Für manche Menschen macht erst der Tod eines Angehörigen den Weg frei, zu sich selbst zu finden, die eigenen Möglichkeiten zu entdecken. Bis dahin hielt der Erwartungsdruck, der gewollt oder ungewollt von jenem Angehörigen ausging, die Suche nach dem eigenen Lebensweg nieder. Das eigene Leben war bis dahin in überwiegendem Maße darauf ausgerichtet, was dieser erwartete, brauchte oder vorlebte. Man lebte nicht eigentlich, sondern wurde gelebt. Daran wird besonders deutlich, was in einem gewissen Maße immer der Fall ist, wenn jemand stirbt, der zu unserem Leben gehörte. Sein Tod nimmt unserem Leben nicht nur etwas. Er gibt ihm auch etwas. Die Hinterlassenschaft der Toten ist gleichsam der Stoff, aus dem wir unser Leben weben. Mit ihrem Tod machen sie den Lebenden ein Geschenk. Ihr Tod ist ein Dienst am Leben.

Vielleicht wehren wir uns gegen die Tatsache, daß der Tod eines Menschen uns etwas schenkt. Es gehört Demut dazu, das anzuerkennen. Wir kommen uns so vor, als wollten wir aus dem Tod des anderen unseren Nutzen ziehen. Das erscheint uns herzlos gegenüber dem Unersetzlichen, das sein Leben auszeichnete. Es hört sich ja fast so an, als wenn wir froh wären, daß er uns nicht mehr im Wege steht. So wäre es auch tatsächlich, nämlich dann, wenn wir die eigene Freiheit, die wir durch den Tod des anderen gewonnen haben, als einen Glücksfall ansähen: Der Tote ist der Verlierer, ich der Gewinner. Seine Stelle, sein Besitz und Vermögen, sie gehören jetzt uns. Ganz anders sieht dagegen die Sache aus, wenn ich das, was mir durch den Tod des anderen zukommt, als sein Geschenk annehme, als einen Dienst, den mir der Verstorbene erweist. Mit einem Geschenk geht man anders um als mit einem günstigen Zufall. In die frei gewordene Stelle geht etwas ein von dem Geist dessen, dem ich sie verdanke. Ich sehe meine neue Situation gleichsam mit seinen Augen, wenn ich auch seine Anliegen nun auf meine eigene Weise zu verwirklichen suche. So macht mir das Andenken an meine verstorbenen Angehörigen bewußt, daß ich meine eigenen Lebensmöglichkeiten nicht mir selber, sondern anderen verdanke. Die Toten helfen mir, mein Leben nicht gegen, sondern mit den anderen Menschen zu leben.

Wie läßt sich die Spannung aushalten, in die mich die Erinnerung an meine lieben Toten versetzt? Auf der einen Seite hat ihr Fortgang mein Leben ärmer gemacht. Ihre Art, das Leben zu meistern, ist unwiederbringlich vorbei.

Wollte ich versuchen, alles genau so zu machen, wäre ich nicht mehr ich selbst. Es würde mir auch gar nicht gelingen. Jedes Leben hat seine eigene Zeit, seine besonderen Umstände. Auf der anderen Seite hat mir ihr Tod neue Lebenswege geöffnet. Aber dieses Neue wiegt das Verlorene nicht auf. Ließe es mich das Verlorene vergessen, so würde ich zugleich vergessen, daß ich jenes Neue meines Lebens meinen Toten verdanke. Damit käme mir das, was das Neue gerade so kostbar macht, abhanden. Dem Neuen würde der besondere Sinn genommen, der ihm gerade dadurch zukommt, daß es Geschenk ist. Vergessen ist also nicht die richtige Lösung. Wie kann ich aber das Neue in dankbarer Freude annehmen, wenn das Verlorene endgültig, für immer verloren ist? Vergällt mir nicht der Gedanke an das vergangene Leben der Toten die Freude wieder, die ich ihnen verdanke? Und doch habe ich keine Wahl. Denn der Gedanke an das Erbe der Toten erhält in mir jene Dankbarkeit, die mein eigenes Leben mitmenschlich und damit erst eigentlich menschlich macht. Freude am Leben, die nicht auf Kosten anderer geht, sondern den anderen zugetan ist, erwächst aus der Erinnerung an unsere Toten. Also muß ich die Spannung zwischen der Schwermut, die dem Vergangenen nachhängt und der Freude am Leben, die mir aus dem Vergangenen zuwächst, aushalten. Ich kann ihr nicht entgehen. Sie gehört offenbar zum menschlichen Leben dazu. Leben und Tod lassen sich nicht trennen.

Aber aushalten heißt nicht sich damit abfinden. Denn wenn ich mich damit abfände, so würde letztlich die Schwermut den Sieg davon tragen. Gegen das Vergehen alles Lebendigen ist kein Kraut gewachsen. Je näher das

Leben seinem Ende kommt, umso mehr gewinnt dann die Schwermut die Oberhand. Das zeigt z. B. die Rede von der Altersschwermut an, jener Schwermut, die Altenpfleger vielfach bei alten Menschen beobachten. Sich nicht damit abfinden heißt dagegen, der Sehnsucht Raum geben, daß das Vergangene irgendwo aufgefangen wird. Was mir am Leben der Toten wertvoll war, ihre Einsichten, Leistungen und Erfolge, das sollte nicht nur in meiner Erinnerung fortleben. Das sollte in dem unbegreiflichen Jenseits des Todes geborgen sein, im ewigen Jenseits der Zeit. Diese Sehnsucht kann der Hoffnung Nahrung geben, die das Evangelium, die Botschaft Jesu Christi vom Reich Gottes uns mitteilen will. Der Geist Gottes, der alles umfängt und alles durchatmet, was ist, fängt auf, was vergeht, und bringt es zur Vollendung, bis „Gott alles in allem ist“ (1 Kor 15,28). Dieser Geist hat das vergängliche Leben Jesu, seinen „Leib“, zu Gott erhöht, in Gott vollendet, als den ersten von allen. Die Hoffnung auf den Geist Gottes, der „ein Vollender aller Dinge“ (Meister Eckehart) ist, versöhnt uns mit der Spannung zwischen dem, was der Tod uns nimmt, und dem, was er uns gibt. Beides ist bestimmt für das ewige Leben in Gott, dem Geheimnis jenseits von Leben und Tod.

Unsere Türen schließen sehr fest;
aber die waagrechte Tür,
selbst aus dichtem Porphyr,
läßt
ganz unmerklich zu uns
jene, die schon des Grunds
starke Verwandlung umfaßte:
schwankend und schweigenden Munds
kommen sie langsam zu Gaste …

Decke, Seele, den Tisch,
den sie, in Heimweh, umkreisen,
reiche ihnen die Speisen,
den verschwiegenen Fisch,
den sie berühren im Stehn …
Nichts wird von ihnen vermindert,
alles bleibt heil, doch das hindert
nicht, daß sie grader entgehn.
Sie sind auf Seiten dessen,
was uns vermehrt, unermessen,
brauchen nicht Nahrung und Wein;
doch, daß sie's tastend erkannten,
macht sie uns zu Verwandten, –
und die Speise wird rein
von der nötigen Tötung:
sie verlöschen die Rötung
alles tierischen Bluts.
Schaffen uns Künste der Küche
Lockung und Wohlgerüche,
ihre Reinigung tut's.

Rainer Maria Rilke

Nochmal leben oder mit anderen leben?

Ein Wort des Malers Vincent van Gogh, das ich irgendwo aufgeschnappt habe, läßt mich nicht mehr los. Auf eine Todesnachricht hin hat van Gogh an seinen Bruder Theo geschrieben: „Glaube nie, daß die Toten tot sind. Solange Menschen leben, werden auch die Toten leben. So empfinde ich es." Was fesselt mich an diesem Ausspruch? Solange überhaupt noch ein Mensch lebt, sind die Toten nicht ganz tot. Nicht nur so lange leben sie weiter, wie wir uns an sie erinnern. Ihr Nachleben geht über unsere Erinnerung hinaus. Es reicht über unser Leben hinaus. Sie überleben uns bis zum letzten Menschen, der auf dieser Erde lebt. „Solange Menschen leben"! Was hat van Gogh da empfunden, wie hat er gemeint, was er da sagt? Hat er an so etwas wie Seelenwanderung gedacht, an Reinkarnation? Was immer er selbst dabei gemeint haben mag, als er es schrieb, sein Ausspruch machte mich auf etwas aufmerksam, was ich bis dahin kaum bedacht hatte.

Man kann häufig beobachten, wie alte Menschen sich zu den ganz jungen, zu ihren Enkeln oder gar Urenkeln hingezogen fühlen. Sie sind manchmal geradezu vernarrt in sie. Haben sie das Empfinden, daß ihr zu Ende gehendes Leben in den Jungen neu beginnt? Mit dem Tod ist nicht alles aus, das Leben geht weiter? Nicht der Tod hat das letzte Wort, sondern das Leben?

In Afrika soll es einen Stamm geben, wo folgender Brauch besteht. Wenn ein Kind geboren wird, ruft man einen Schamanen herbei, einen Seher oder auch eine Seherin. Der Schamane schaut das Kind an und erblickt in ihm den Geist eines seiner Ahnen. Die Eltern verehren dann in dem Kind den Geist ihres Vorfahren, der in diesem Kind Wohnung genommen hat. Sie achten in dem Kind, das von ihnen abstammt, das Leben, von dem sie abstammen. Ihr Kind gehört nicht ihnen, sie haben dem Geist des Ahnen zu dienen, der in dem Kind Gestalt angenommen hat.

Auch wir haben, wenn wir einem Kind aufmerksam zusehen, manchmal den Eindruck, in ihm sei mehr lebendig als das, was von den Eltern kommt. Wir sagen etwa: „Die Augen hat es vom Großvater oder von der Großmutter, die Nase vom Onkel oder von der Tante." Aber nicht nur in der äußeren Gestalt, auch im Temperament, in Fertigkeiten und Vorlieben des Kindes glauben wir seine Herkunft von den Vorfahren zu erkennen. Den Kindern selbst scheint es allerdings nicht gerade angenehm zu sein, wenn man gleichsam durch sie hindurchsehend jemand anderen entdeckt.

Es ist tatsächlich so, die Toten sind nicht ganz tot. Ihr Leben ist mit ihrem Tode noch nicht ganz zu Ende. Etwas von ihnen lebt in uns. Es ist in uns lebendig durch unsere Erbanlagen, durch unsere Sprache, mittels derer wir unsere Welt und uns selbst erfassen, und wohl noch durch anderes mehr, das sich unserer genauen Kenntnis entzieht. Dieses Etwas, das in uns weiterlebt, wird nicht dadurch in uns lebendig, daß wir es bewußt aufgreifen und in unser Leben hineinnehmen. Es prägt schon die Weise, wie wir uns unserer selbst und unserer Welt bewußt werden. Es macht uns, bevor wir etwas damit machen. Sind es die Toten, die in uns erneut zum Leben kommen? Oder sind wir es, die das Leben der Toten weiterführen, weiter, als sie es von sich aus vermochten? Wie empfinde ich mein Leben? Als eine Wegstrecke von einem früheren Leben in ein späteres oder als meinen einmaligen und einzigartigen Beitrag zum Leben der Menschheit? Wie leben die Toten in mir? Ist einer von ihnen mein verborgenes eigentliches Ich, oder trage ich durch mein begrenztes Leben etwas bei zu ihrem vergangenen Leben? Auf jeden Fall besteht ein unauflöslicher Zusammenhang zwischen meinem Leben und dem ehemaligen Leben der Toten, eine Verbindung, die ich nicht geknüpft habe, sondern in die ich hineingewoben bin.

Bei jedem Menschen, ob er jung stirbt oder uralt wird, ist der Tod ein Abbruch des Lebens. Es hat in ihm viel mehr gesteckt an Lebensmöglichkeiten, als er in seinem kurzen oder auch langen Leben verwirklichen konnte. Jedes Menschenleben ist ein Torso. Man sagt zwar von manchem Verstorbenen, er habe alles erreicht, was er wollte; er habe ein erfülltes Leben gehabt. Aber muß man nicht hinzufügen: Unter den Umständen, in die er hineingestellt war, bei den Chancen, die sich ihm boten, hat er alles erreicht und erfüllt, was ihm möglich war? Wären die Umstände andere gewesen, wäre er anderen Menschen begegnet, hätten sich ihm andere Möglichkeiten geboten, dann hätte er wohl mehr gewollt, mehr erreicht. Wahrscheinlicher noch hätte er anderes gewollt, anderes erreicht. *Ein* Leben ist nicht genug, um alle Lebensmöglichkeiten auszuschöpfen. Man müßte mehrere Leben haben. Wenn ich ja sagen soll zu meinem jetzigen begrenzten Leben, muß ich dann nicht nach dem jetzigen noch ein anderes Leben führen können, viele andere? Der Glaube an die

Reinkarnation entspringt einer tiefen Sehnsucht in uns, der Sehnsucht nach Leben in unbegrenzter Fülle. Dieser Sehnsucht ist das eine begrenzte Leben zu wenig.

Auf der anderen Seite sind es jedoch gerade die besonderen Umstände und Möglichkeiten, die jedes Leben unverwechselbar und einzigartig machen. Wir schätzen an unseren Toten ja nicht das Leben an sich oder gar das Ungelebte, sondern wir schätzen das Besondere, Unwiederbringliche, das sie unter den ihnen gegebenen Umständen und Möglichkeiten Gestalt werden ließen. Diese Umstände und Möglichkeiten ihres Lebens gehören so sehr zu ihnen, daß wir ohne sie den einen Toten vom anderen gar nicht mehr unterscheiden könnten. Ohne sie wären die toten Seelen nur noch Schatten ihrer selbst, gestaltlos und inhaltslos. Wenn es so ist, daß dem einen Leben in seiner Zeit und an seinem Ort ein anderes und wieder ein anderes Leben in einer anderen und wieder einer anderen Zeit folgt, an einem anderen Ort und wieder einem anderen Ort, ist es dann nicht auch ein anderer und wieder ein anderer Mensch, der da lebt, unvergleichlich ein anderer, obschon in ihm etwas weiterlebt, das von den Ahnen, den Menschen vor ihm herkommt?

Die zwei Erfahrungen, die wir an unseren Toten machen: ihre unwiderbringliche Einmaligkeit und ihr Weiterleben in uns, sind wie Geschwister, die sich nicht vertragen. Jede will recht haben auf Kosten der anderen. Können sie sich die Hand zur Versöhnung reichen? Sie müßten es können, weil sie doch zugleich etwas gemeinsam und etwas je für sich haben. Ich erkenne, daß von den Toten etwas in mein eigenes Leben eingeht, in mir lebendig wird. Es gehört zu meinem eigenen Leben, das ich gestalte und entfalte. Ich bin sozusagen eine Wiedergeburt. Die Toten bringen sich ein in mein ureigenes Leben. Könnte es nicht sein, daß auch ich etwas beitrage zur vollen Entfaltung ihres Lebens? Kommt auch von mir etwas zu ihrem eigenen gelebten Leben hinzu, ohne welches ihr Leben unvollständig wäre, ihre ureigene Sehnsucht nach unbegrenztem Leben unerfüllt bliebe? Sich selbst gehören und zum anderen gehören wären dann keine Gegensätze. Die begrenzten Leben brauchen einander, um ihrer Sehnsucht nach unbegrenztem Leben näher zu kommen. Das Besondere jedes einzelnen wächst, indem es am Besonderen der anderen mehr und mehr teilnimmt. Es wird dadurch nicht mit allen anderen gleich oder gar eins. Denn jeder hat auf seine unverwechselbar besondere Art an allen anderen teil.

Der christliche Glaube hält beides fest, die einzigartige Einmaligkeit jedes einzelnen Menschenlebens und das Zusammenwachsen jedes einzelnen mit allen anderen. Im Glaubensbekenntnis der Kirche heißt es am Schluß: Ich erwarte die Auferstehung der Toten. Gemeint ist die allgemeine Auferstehung am Jüngsten Tage, am Ende dieser Welt. Aber zugleich verehrt die Kirche die Märtyrer und die Heiligen, die schon jetzt in die Herrlichkeit des auferstandenen Christus eingegangen sind. Was steht da noch aus bis zum Jüngsten Tag, bis zur allgemeinen Auferstehung der Toten? Erst am Ende der Welt, erst mit allen anderen kommen die einzelnen zur Vollendung ihres eigenen Lebens. Es gibt keine Vollendung eines einzelnen ohne all die anderen. Selbst die Auferstehung Jesu Christi ist wohl nicht ganz vollendet ohne die anderen, aus denen sein Leben in dieser Welt hervorgegangen ist und ohne all die anderen, in die sein Leben eingegangen ist. Denn Gott will in Christus alles vereinen, alles, was im Himmel und auf der Erde ist (Eph 1,10). Paulus verdeutlicht diese Vereinigung der vielen in Christus durch das Bild vom Leib und seinen Gliedern (Röm 12,4f.; 1 Kor 12,12–27). Wir sind der Leib Christi und, als einzelne, Glieder seines Leibes. Verschiedene Glieder sind wir, jeder ein anderes. „Wären wir alle nur ein Glied, wo bliebe dann der Leib? So aber gibt es viele Glieder und doch nur einen Leib" (1 Kor 12,19f.). Jedes Glied wirkt auf seine Art an der Gestalt des ganzen Leibes mit. Jeder soll in seinem Leben auf einzigartige Weise ergänzen, was an der Vollendung des Leibes Christi noch fehlt (vgl. Kol 1,24).

Niemand lebt für sich allein, und niemand stirbt für sich allein. Wir haben jeder auf seine Weise teil am Leben der anderen. Unser begrenztes Leben setzt sich nicht fort in einem weiteren begrenzten Leben, sondern überschreitet seine Grenzen auf das Leben der anderen hin. Wir leben bis zum Jüngsten Tag, der kein Ende hat, voneinander und füreinander: die Lebenden mit den Lebenden und mit den Toten, die Toten mit den Toten und mit den Lebenden.

Wir Toten, wir Toten sind größere Heere
Als ihr auf der Erde, als ihr auf dem Meere!
Wir pflügten das Feld mit geduldigen Taten,
Ihr schwinget die Sicheln und schneidet die Saaten,
Und was wir vollendet und was wir begonnen,
Das füllt noch dort oben die rauschenden Bronnen,
Und all unser Lieben und Hassen und Hadern,
Das klopft noch dort oben in sterblichen Adern,
Und was wir an gültigen Sätzen gefunden,
Dran bleibt aller irdische Wandel gebunden,
Und unsere Töne, Gebilde, Gedichte
Erkämpfen den Lorbeer im strahlenden Lichte,
Wir suchen noch immer die menschlichen Ziele –
Drum ehret und opfert! Denn unser sind viele!

Conrad Ferdinand Meyer

Der Gang zu den Toten

In meiner Jugendzeit, ich weiß nicht mehr genau, wie alt ich war, kam mir abends im Bett vor dem Einschlafen manchmal der Gedanke: Wenn ich morgen nicht wieder wach würde. Der Gedanke erschreckte mich nicht. Im Gegenteil, er geleitete mich friedlich in den Schlaf. Denn ich dachte mir: Entweder bin ich dann gar nicht mehr da, ich wüßte überhaupt nicht mehr, daß ich gelebt habe, nicht mehr, was heute war und morgen sein würde; oder ich käme in die himmlische Welt, wo alles besser ist als hier. Es wäre also in jedem Fall nicht schlimm, wenn ich nicht wieder wach würde. „Der Schlaf, des Todes sanftes Bild, führt uns dem Grab des Schlummers zu", heißt es im kirchlichen Stundengebet zur Nacht.

Daß ich damals diesen Gedanken hatte, ist nichts Besonderes. Der Tod gehörte damals noch zum täglichen Leben. Die Kinder einer befreundeten Familie zum Beispiel, mit denen wir spielten, starben der Reihe nach, eins nach dem anderen, an Tuberkulose. Es gab noch kein Penizillin. Merkwürdig ist aber schon, daß ich mich heute noch daran erinnere, ja, daß mir dieser Gedanke noch heute manchmal vor dem Einschlafen in den Sinn kommt. Denn inzwischen gehört der Tod nicht mehr zum Alltag. Die meisten Menschen sterben nicht früher, als sie erwartet hatten, sondern werden älter, als sie sich in jungen Jahren vorgestellt haben. Es ist nichts Normales mehr, daß der Tod jemand mitten aus dem Leben abruft. Wir erleben das immer als ein schreckliches Ereignis. Man fragt sich, wer oder was ist schuld daran? Haben die Ärzte versagt, oder, wenn es sich um einen Unfall handelt, welche Vorsichtsmaßregeln wurden verletzt, welche Vorsichtsmaßnahmen hätten vorhanden sein müssen? Der Tod mitten im Leben ist etwas, das eigentlich nicht mehr vorkommen dürfte. Wenn er vorkommt, wird das als schlimm empfunden, als bedrohlich für die Lebenden, für ihre inzwischen selbstverständlich gewordene Erwartung eines langen Lebens. Nach einem langen Leben friedlich entschlafen, das nennt man heute einen natürlichen Tod. So möchte man einmal sterben. Aber nicht heute und nicht morgen, später, viel später.

Auch die Vorbereitung auf den Tod gehörte früher zum Leben von Kindheit an. Sie gehörte zum täglichen Gebet wie die Bitte ums tägliche Brot. Das ‚Gegrüßet-seist-du-Maria' endet: „bitte für uns Sünder jetzt und in der Stunde unseres Todes". Heute drängt sich der Gedanke an die letzte Stunde erst deutlich ins Bewußtsein, wenn sich die Alterserscheinungen bemerkbar machen. An meinem fünfzigsten Geburtstag meinte ein jüngerer Kollege, mit fünfzig müsse man damit beginnen, sich auf den Tod vorzubereiten. Ich konnte darüber nur lächeln; denn ich hatte damals noch so viele neue Aufgaben vor mir, daß mir der Tod in weiter Ferne zu liegen schien. Aber dann ereilte mich plötzlich mitten in der Beschäftigung mit diesen Aufgaben ein Herzanfall. Ich lernte den Schrecken des Todes kennen. Ein Schauer der Ewigkeit überkam mich. Seitdem weiß ich, man kann es sich nicht aussuchen, wann und wie man stirbt: ob plötzlich oder nach längerer Krankheit oder in hohem Alter, ob ganz bewußt oder von Schmerzmitteln betäubt oder von Altersschwäche aufgezehrt. Und man kann sich nicht vorstellen, wie er sein wird, dieser Eintritt in das Jenseits. Man kann ihn sich so wenig vorstellen, wie man sich den ewigen alles überragenden und alles umfassenden Gott vorstellen kann.

Der Tod hat etwas Unheimliches an sich. Es wundert daher nicht, daß Menschen heute wie zu allen Zeiten versuchen, sich vorzustellen, was im Tod und nach dem Tode geschieht. Man will sich den Tod vertraut machen, ihm das Unheimliche nehmen. Was man sich vorstellen kann, darauf kann man sich einstellen, darauf kann man sich vorbereiten. Deshalb greift man heutzutage nach den alten Mythen, z.B. nach ägyptischen oder tibetanischen Totenbüchern. Man interessiert sich für die Berichte von Scheintoten, für außergewöhnliche Träume und Visionen. Als Heilmittel gegen eine lähmende Todesangst mag dergleichen seine Bedeutung haben. Aber den Schauer der Ewigkeit, der einen im Angesicht des Todes überkommt, die Ahnung der unermeßlichen und daher immer auch unheimlichen göttlichen Wirklichkeit, deren man im Zugehen auf den Tod innewird, können jene Todesbilder wohl nicht ganz zudecken. Sterben bedeutet letztlich doch, sich einzulassen auf etwas, das man nicht kennt, sich ganz dem Unwißbaren zu überlassen.

Kann man sich dann überhaupt auf den Tod vorbereiten? Sicher, man kann sich darin üben, nicht krampfhaft am Leben und den Dingen, die einem lieb sind, zu hängen. Für den Christen ist es eine Grundhaltung seines Glaubens, alles dankbar von Gott zu empfangen und alles um seinetwillen lassen zu können. Gott über alles lieben und alles um Gottes willen! Man mag sich zeitlebens darum bemühen, aber die Stunde des Todes kann man damit nicht vorwegnehmen. Da gibt es keine Generalprobe vor der Premiere. Man weiß ja nicht vorher, unter welchen Umständen der Tod eintrifft und wie er ins Jenseits hinüberführt. Es scheint das Vernünftigste zu sein, möglichst wenig an den Ernstfall des Todes zu denken. Wenn er kommt, dann kommt er eben. Auf das rechte Leben kommt es an. Wenn man so lebt, daß er jederzeit kommen kann, spielt es keine Rolle, wann er kommt.

Das sagt sich so leicht. Aber wer den Hauch des Todes gespürt hat, wem der Schrecken des Todes einmal durch die Glieder gefahren ist, der behält etwas zurück. Der Schreck: Jetzt ist es soweit, meldet sich immer wieder einmal. Meistens wird er ausgelöst durch ein augenblickliches körperliches Schwächegefühl. Und dann kreisen die Gedanken unwillkürlich wieder um den Augenblick des Todes. Auch von einigen Menschen hohen Alters weiß ich, daß sie oft an den Tod denken müssen und sich fragen, wie das sei, wenn man stirbt. An das Loslassen haben sie sich wohl schon gewöhnt, da ihnen ihre Welt und ihr eigenes Selbst mit zunehmendem Alter immer mehr entgleiten. Es ist das Ereignis des Todes, was sie beschäftigt. Man möchte es gerne wissen, was einen da erwartet. Aber noch niemand ist von jenseits des Todes zurückgekommen. Das Fragen verliert sich im unheimlichen Dunkel. Auch der Glaube an Gott kann dieses Dunkel nicht lichten. Denn das Dunkel des Todes ist sozusagen der Schatten dessen, „der in unzugänglichem Licht wohnt, den kein Mensch gesehen hat noch je zu sehen vermag“ (1 Tim 6,16). Der Tod hat teil an der Majestät Gottes. Wer daher dem Tod sein erschreckendes Dunkel nehmen will, der bereitet sich nicht auf den Tod vor, wie er wirklich ist. Er macht sich was vor. Er setzt sich der unzugänglichen Majestät Gottes nicht aus, sondern verharmlost sie, um sie ertragen zu können. Der Glaube an Gott führt nicht am Schrecken des Todes vorbei, sondern durch ihn hindurch. Auch der laute Todesschrei Jesu am Kreuz (Mk 15,37) gehört zur Nachfolge Christi, zum Weg des Glaubens.

Was kann uns helfen, dem Dunkel des Todes nicht auszuweichen, den Schrecken des Unheimlichen auszuhalten? Wenn sich mir der Gedanke an das Ereignis meines Todes aufdrängt, gleitet er fast von selbst hinüber zu den Toten. Zunächst kommen mir die in den Sinn, deren Sterbestunde ich selbst erlebt habe. Ich sehe sie vor mir. Manche haben friedlich aufgehört zu atmen, manche haben sich voller Angst an das Leben geklammert. Aber der äußere Verlauf des Sterbens sagt wenig aus über den inneren Vorgang. Manche sind geistig schon längst gestorben, wenn ihr Körper den letzten Atemzug tut. Manche sind in der Todesstunde gepeinigt von einer Angst, die ihnen bereits in der Kinderzeit durch die religiöse Erziehung eingepflanzt worden ist. Strenger Richter aller Sünden, der du uns so schrecklich strafst! Der äußere Eindruck ihres Sterbens ist es nicht allein, was mich angesichts meines eigenen Todes an die Toten denken läßt. Wichtiger ist mir die Tatsache, daß sie, die ich gekannt und geschätzt habe, den Schritt ins Dunkel des Todes getan haben. Ich bin nicht der einzige und nicht der erste, dem dies abverlangt wird. Meine Toten sagen mir: „Was wir gekonnt haben, kannst du auch.“

Wie sie diesen Schritt getan haben, zeigt sich mir an dem, was ich an ihnen und von ihnen Gutes erfahren habe. Ich kann mir nicht vorstellen, daß sie nicht bei Gott angekommen sind. Sie gehören zu dem Jenseits, in das ich eintrete, wenn ich sterbe. Irgendwie werden sie dabei sein, wenn ich hinübergehe. Sie werden mich da nicht alleine lassen vor dem Thron des Ewigen. Sie werden um mich sein, mir beistehen, für mich eintreten. Was mir diese Zuversicht gibt, ist der Glaube an die Gemeinschaft zwischen Lebenden und Toten in Jesus Christus. In einem alten Lied, das in manchen Klöstern gesungen wird, bevor man sich zur Nachtruhe begibt, heißt es: „Wenn wir mit dem Tode ringen, mög' Maria uns beispringen." Und bei der Begräbnisfeier wird auf dem Weg zum Grab gesungen: „Zum Paradies mögen Engel dich geleiten, die heiligen Märtyrer dich begrüßen und dich führen in die heilige Stadt Jerusalem." Warum sollten nicht auch ‚meine' Toten, z.B. meine verstorbenen Eltern und Geschwister, zu den Engeln gehören, die mich empfangen und geleiten?

Die Erinnerung an unsere Toten kann so zu einer Vorbereitung werden auf die Stunde des eigenen Todes. Sie läßt uns diese Stunde anschauen als den Gang zu unseren Toten. Sie hilft uns, dem unheimlichen Dunkel dieser Stunde nicht auszuweichen. Die Toten sind gleichsam das Geländer, an dem wir uns festhalten können, wenn wir in den Abgrund des Todes fallen. Sie geben uns die Zuversicht, mit ihnen bei Gott Aufnahme zu finden.

Deiner Mutter Seele schwebt voraus.
Deiner Mutter Seele hilft die Nacht umschiffen,
Riff um Riff.
Deiner Mutter Seele peitscht die Haie vor dir her.

Dieses Wort ist deiner Mutter Mündel.
Deiner Mutter Mündel teilt dein Lager,
Stein um Stein.
Deiner Mutter Mündel bückt sich nach der
Krume Lichts.

Paul Celan

Quellenverzeichnis

Seite 21: aus: Denkerfahrung, Frankfurt a. M. 1983, S. 183.

Seite 29: aus: Lyrik des Abendlands, München 1978, S. 628.

Seite 38: aus: J. Magonet, Das jüdische Gebetbuch, © Gütersloher Verlagshaus, Gütersloh.

Seite 77: aus: Gesammelte Werke (Suhrkamp Taschenbuch 1331), Bd. 1, S. 66.

Umschlagrückseite: aus: Elisabeth Lukas, Worte können heilen, © Quell/Gütersloher Verlagshaus, Gütersloh.